源遠之水

源遠之水／草成六頌／龍飛御天歌第二章一節

青龍之至甲辰女弟潤伍敬玉

恭祝全潤伵詩集創刊之禧

| 축하작품 해설 |

源遠之水 원원지수 샘이 깊은 물

원문 : **源遠之水旱亦不竭流斯爲川于海必達**
　　　원원지수한역불갈류사위천우해필달

해설 : 샘이 깊은 물은 가물에 아니 그치매
　　　내가 이루어져 바다에 가나니.
　　　김윤선 시집 발간을 축하드리며
　　　청룡의 해 2024년 봄 여동생 윤임 경건하게 쓰다.

출처 : 조선 세종 27년(1445) 편찬한
　　　국문시가「용비어천가」제2장의 문장

약력 :　• 개인전 2회
　　　　• 대한민국 미술대전 초대작가, 동 심사위원 역임
　　　　• 부산여성서화작가회 창립회장(1, 2대) 역임
　　　　• 부산미술대전 심사위원장 역임
　　　　• 지당서예학원장

題字 揮號 | 智堂 金潤任 지당 김윤임

H·P : 010-2809-6276　　e-mail : Jidang51@hanmail.net
주소 : 47012 부산시 사상구 가야대로 260 대일빌딩 5층
　　　지당서예학원

꽃은
눈
성

짙은 향

김윤선 시집

육일문화사

첫 시집을 내면서

생명들이 마음껏 꽃을 피우는 5월이다.
꽃들도 한겨울을 살아내고
이 좋은 계절을 만난 것이다.
나도 한 생명으로 태어나
혹독한 겨울을 거쳐야 했다.
꽁꽁 얼어붙은 빙판을 맨발로 걸어야 했다.
그런 나에게 봄이 찾아올 것이라는 생각은
하지 못했다.
"영원히 살 것처럼 꿈을 꾸고
내일 죽을 것처럼 오늘을 살라"는 말처럼
나와 치열한 싸움을 하면서
꿈을 안고 앞만 보며 달려왔다.
수필을 쓰면서 시의 매력에 빠지게 되었다.
내가 살면서 겪어야 했던 아픔과 설렘 기쁨을
긴 수필보다 시로 표현해 보고 싶었다.
20년간 수필을 써오면서
문득문득 떠오르는 생각을 모은 것이다.
투박하고 거친 문장임에도 용기를 내어
시집을 내는 것은,
세상에는 나보다 더 아픈 사람들이 많이 있다는
마음에서다.

그들과 시를 통해 만나
위로의 마음을 전하고 싶다.
나에게 공부를 할 수 있고
문학을 할 수 있는 꿈을 심어주신 분,
내 생애에 잊을 수 없는 정채봉 선생님,
하늘에 계신 나의 고결하신 스승님께
이 시집을 바치고 싶다.
그리고 평설을 써주신 박정선 선생님께
깊이 감사드린다.
사랑하는 우리 가족
아들들 딸 같은 며느리들
눈에 넣어도 아프지 않을 손자 소녀들에게
고맙다는 말을 전하고 싶다.
눈을 뜨나 감으나
내 단짝 정숙인의 건강과 함께
감사의 마음과 사랑한다고 말하고 싶다.
끝으로 책 표지와 제자를 정성으로 제작해 준
내 아우 지당 원장에게도 깊은 감사를 전하고 싶다.

      2024년 5월 푸른 하늘의 흰 구름을 바라보며
              無念 金潤仙 合掌

차례

제 1 부

간장을 담그며 _13
우유 배달 작은오빠 _15
깊은 강 _17
밭매는 엄마 _18
소녀의 첫 출근 _19
굴 밭에서 조개를 잡다가 _20
머리 깎던 날 _22
계란 장수 엄마 _23
땅 위에 눕다 _24
신 굿 _26
국제시장에서 한국어 강사까지 _27
제삿밥 _29
내 짝 정에게 _30
강의 노트 _31

제 2 부

이별이라 부르지 않겠다 _35
공가 _37
첫 지하철 풍경 _38
절박한 삶 _39
무안에서 온 농부 아저씨 _40
떡장수 욕지댁 _41
지울 수 없는 상처 _42
수국이 피던 날 _44
봄이 오는 소리 _45
첫눈을 기다리며 _46
부치지 못하는 편지 _47
하늘에 띄우는 편지 _48
몸에게 용서를 _49
지하철 구걸 _51
오십 년 지기 벗과 이별 _53
소리 없는 울림 _54
칠순 학생의 눈물 _55

제 3 부

탄생 _59
다시 돌아가지 않으리 _60
청사포의 추억 _62
간이역 _63
지구가 울고 있다 _65
천사들의 눈 _66
레티안과 마후라 _67
우리 엄마다 _68
엄마, 물에 빠졌어요 _69
아들 팔뼈가 부러지고 _71
꺼져가는 생명 앞에 _73
꿈속에 행복했던 날 _75
커다란 눈 _76
아이들 옷동산에서 _77
애기 꽃 _78
밤열차 _79
동천강 앞에서 _80

제 4 부

물망초처럼 _83
단 한 가지 소원 _85
노년의 아픔 _87
소의 숙명 _88
산행을 하던 날 _89
할머니 학생들과 손병도 동장님 _90
이천분교 어린이들의 편지 _92
학장천 물고기 _94
봄 그리고 파도 _95
매화 _96
베개 _97
억새꽃의 함성 _98
삼락 공원에서 _99
백마강 낙화암에서 _101
고목枯木의 소리를 듣는다 _102
울림 _103
천성산 무지개 폭포 _104

제 5 부

마이산 돌탑 _107
홍련암 목탁 소리 _108
감실 어머니 _109
꽃길 _110
토함산 범종 소리 _111
설악산 봉정암 _112
마의 벌판을 가다 _113
신비의 황산에서 _114
몽골의 아침 해 _116
바다 위의 세레나데 _117
고흐를 만나다 _118
모네의 정원 _119
백설의 나라 북해도 _120
오르세 미술관 _122
톤레삽 호수 사람들 _125
그날의 사진 한 장 _127
하롱베이 _129
뚜얼슬링 해골 박물관 _131

● 김윤선 시집 『깊은 강』 해설
깊은 강을 건너는 법 _135
박정선 (문학평론가)

제 1 부

간장을 담그며
우유 배달 작은오빠
깊은 강
밭매는 엄마
소녀의 첫 출근
굴 밭에서 조개를 잡다가
머리 깎던 날
계란 장수 엄마
땅 위에 눕다
신 굿
국제시장에서 한국어 강사까지
제삿밥
내 짝 정에게
강의 노트

간장을 담그며

성지산 약숫물에 소금 풀어 담아 놓고
고추, 숯, 참깨, 대추 고이 띄워
오뉴월 뙤약볕에 비 오듯 땀방울 씻어내며
가마솥에 장작불로 푹 삶아 띄워 보낸 메줏덩이가
눈이 선한 내 아우를 닮았다
관절로 신음하던 아우 뼈마디
알알이 지성으로 거두어낸 열매
엄마 닮은 항아리에 소금물 메주 담아 놓고
아침 햇살 눈부실 때
안녕! 향긋한 아침 인사 두 손 모아 기도한다

언니야 예쁘지 귓가에 맴도는 막내아우 목소리
엊그제 하늘나라로 간 내 아우 주야

따스한 봄 햇살 품어 안고 익어 가던 간장 된장
연밤색 향기가 뜨거운 혈육으로 와락 다가온다

바람과 해를 품은 곰삭은 맛 숙성되어 갈 때
함께 먹을 임들의 감탄사가 귓가에 맴돈다

꽃피고 꽃 지는 봄 내 끊임없는 백일기도
어머니 품 같은 진한 향기 속에
그리움을 불 피운 사춘기 소녀처럼
간장 된장 고추 참깨도 허공으로 날아가고
언니야 메주 고사리 밤고구마 보낸다던
애잔한 목소리가
저 높은 하늘 메아리로 멀어져 가고 있다

우유 배달 작은오빠

새벽이면 키만큼 높이 쌓은 우윳병 소리
곡예하듯 골목골목 배달하던 작은오빠
쌩쌩 칼바람 어둠을 헤치며
살얼음을 딛고 삶을 일구어 가던 날

쪽방 벽에 붙여놓은 상상의 그림이
백마를 탄 사나이가 붉은 머플러를 휘날리던 모습
요술 같은 손 신비의 천재 소년이라고 불렀다

눈을 감으나 뜨나 책을 베개 삼고 시집을 팔짱에 끼고
먹구름을 헤치며 하늘에 무지개를 꿈꾸던 비룡처럼
또래들이 동생을 누나라고 부르던 유년
한파 속에서도 산 같은 짐과 싸워야 했던
늘 춥고 작게만 보였던 오빠 생각에
휴일마다 따뜻한 밥 이불 속에 편지와 함께 넣어두고
기다리다 간다고 늘 무사하길 손 모아 빌었다.

이 세상에서 가장 고귀한 내 동생이라고
선아! 틈만 있으면 책과 싸우라던 오빠의 편지
누나처럼 동생처럼 눈동자 마주할 때

오늘도 먼 하늘 어느 곳에서
고달팠던 세상을 내려 보고 있을까
어린 삼 남매가 엄마 아빠 되어 푸른 나무 기둥으로
아빠를 그리며 결실의 열매를 맺었는데
오늘도 타르르 털거덕 오빠 자전거 구르는 소리
내 귀에 아직도 눈물처럼 들려오는 삶의 소리

깊은 강

둥근 보름달을 따라 엄마가 가고 있다
끝없는 허공 어딘가로
머리에 광주리를 이고 총총히 가고 있다
무슨 장식이라도 되듯이 엄마 머리에는 눈만 뜨면
달덩이 같은 광주리가 이어져 있었다
무거운 광주리에는
계란, 떡, 국수, 비누 등 온갖 박물이 담기고
고난의 수행자처럼
이 마을 저 마을 고개 넘어 수십 리를 걸었다
고문하듯 내리쬐는 한여름 뙤약볕을 받으며
한겨울 눈보라 온몸으로 휘감으며
흰 고무신 숭숭 구멍이 나도록 걷고 또 걷고
밤마다 엄마 정수리와 발바닥이 활활 불꽃을 피웠다
불인두 담금질 고문에 살이 타듯
아야, 아야, 밤새도록 새어 나온 앓는 소리
깊은 강물처럼 몰래 앓는 소리
나를 흉내 내듯, 귀뚜라미 목이 쉬도록 우는 밤
둥근 보름달을 따라 엄마가 가고 있다
이 마을 저 마을 고개를 넘듯
이 구름 저 구름을 지나 오늘 밤에도
깊은 강을 건너가고 있다

밭매는 엄마

뙤약볕 아래 밭매는 엄마
힘겨운 세월의 이랑을 타며
삶을 일구신 엄마
홍시처럼 붉게 익은 얼굴은 피[血]였다
흘러내리는 땀방울 방울방울
손등을 적시고 호미자락을 적셔도
엄마는 묵묵히 밭을 맸다
홑적삼이 흠뻑 젖고 손끝이 다 닳도록
밭이랑을 두드리며 온종일 밭을 맸다
가도 가도 끝없는 바다처럼
막막한 삶의 지평선을
엄마는 쉼 없이 밭을 매고 또 맸다
그 끝에 초가을 대추처럼 열린
초롱초롱한 자식들의 눈망울

소녀의 첫 출근

뛰는 가슴 설레며 첫 출근 하던 날
남색치마 세라 칼라 하얀 블라우스
단발머리 하얀 운동화 단정한 책가방
아침 출근길에 만나던 내 또래 여중생들
삼삼오오 웃는 천사들 모습에 넋을 잃고 말았다
다시 환생하면 그 여학생이 될 수 있을까
멀어진 시간 속으로 빗물처럼 푸른 눈망울

굴 밭에서 조개를 잡다가

느닷없이 고향 마산 진전
광활한 바다에 굴 밭이 들어섰다
돌 밑에 조개들이 도란도란 속삭일 때
행복한 양식을 담아오던 바다에
갑자기 삶의 터전을 빼앗긴 사람들
감독과 삿대질이 오가고
호미 바구니는 진흙탕에 내동댕이로
"날 죽여라 이놈" 거미 같은 손사래
하늘이 귀를 막고 눈을 감았다
용감한 친구를 따라 굴 밭에 들었을 때
"거기 서!"
천둥 벼락같은 소리에
조개는 주인을 잃고
굴 밭을 조랑말처럼 뛰었다
맨발은 굴 껍질로 회를 쳤고 자갈길 내를 건너
가까운 외갓집에 몸을 숨긴 채
문구멍으로 감독이 올까 숨죽이던 시간
고함 소리에 놀란 토끼 가슴은 뛰고
난도질 당한 발바닥 간장 끓여 지지던 시간
숨이 끊어질 것같이 아프던 내 유년

엄마도 울고 나도 울고
광활한 바다에 떠 있는 굴 밭을 볼 때마다
"거기 서!"
감독의 고함소리가 귀를 때린다

머리 깎던 날

일제 치하에 병이 든 아버지
십일 년 병석에 누워 신음을 하셨다
아버지는 아픈 몸으로 양철을 주워다 칼을 만들었다
자식들 머리를 가위로 자르고
양철 칼로 뒤통수 면도할 때
살이 떨어져 유혈이 낭자해
눈물 핏물 뚝뚝 사지를 떨던 겁먹은 형제들
거울 속에 도토리 뚜껑을 씌운
낯선 아이를 보던 순간
죽고 싶었던 초등학교 일학년
소똥을 엎어놓았다며 놀리던 또래들의 조롱에
보자기를 쓰고 다니다가
이불을 덮어쓰고 종일 울었던
유년의 아린 기억
영상처럼 떠오르는 전설 같은 유년

계란 장수 엄마

열다섯 마리 병아리를
개가 죽이고 족제비가 잡아먹고
겨우 다섯 마리 병아리가 어미 닭이 되어
알 낳기만 기다리던 엄마
빈 둥지 만지며 오늘이나 내일이나
마늘 밭 풀 속에 소복이 쌓인 계란
오빠는 횡재로 소원하던 공을 사서
눈만 뜨면 공을 차던 철부지 오빠

엄마는 근심걱정 잠자지 못하는데
동생 입만 쉬쉬 좌불안석 오빠
엄마 오빠 양극 사이 입이 간지러워
가슴만 쿵덕쿵덕 심장이 요동쳤던
세월 속에 구름 따라 사라진
엄마, 오빠
강산이 여섯 번 흘러간 지금
달 속에 엄마 오빠 그날을 생각할까

귀뚜라미 울음소리 창문만
덜커덩, 덜커덩...

땅 위에 눕다

세상에서 가장 낮은 땅 위에
사뿐 누우신 운주사 부처님
낮고 또 낮추신 자리 비바람 부는 길섶에
구름처럼 둥둥 누워계신다
눈, 코, 입, 귀, 아무것도 없는 무의 얼굴로
허허로운 산천에 구르는 돌멩이를 베고 깔고
평화롭게 누워 계신다

푸른 하늘을 바라보시는 무의 얼굴에
보일 듯 말듯 미소가 떠돈다
애써 얼굴을 찾으려는 중생들의 말소리
두런두런 주고받는 말소리를 들으며
슬며시 웃으신다
바람이 민둥한 얼굴을 스친다
나비도 사뿐 스쳐보고, 고추잠자리도
빨간 꼬리 끝으로 슬쩍 찍어 보고 간다
나도 감히 손으로 쓰다듬어 본다
눈이 없어도 더 멀리
더 깊이 보시는 운주사 부처님

운주사 부처님의 눈
가질수록 더 갖고 싶어 밤새 잠 못 든 중생들을
측은히 바라보시며
입 없는 입으로 말씀하신다

눈이 있거든, 산 너머 또 산 너머 멀리 보라 하신다
입이 있거든, 꽃처럼 향기로운 말만 골라 하라 하신다
귀가 있거든, 옳은 말만 골라 들으라 하신다
낮고 또 낮추신 자리에 누우신
부처님 얼굴을 바람이 더듬는다
돌을 베고 돌을 깔고 누워 계신 부처님 앞에
발걸음 붙잡혀 좀처럼 떨어지지 않는다

신 굿

마을 끝자락 당산 나무 아래
사흘 밤낮 굿판이 벌어졌다
지하의 심판들이 둘러앉은 관중석
신들린 영혼에 귀를 기울인다

북, 징, 꽹과리, 천지개벽이
댓잎 끝에서 혼절로 토해 내던 신명
날으던 새들도 귀를 쫑긋 세우며
굿소리 귀를 기울인다

구천을 떠도는 외로운 넋을 달래며
저승길 구비마다 어제의 기억들이
혼령의 춤사위로 허공을 휘몰아치고
천신, 산신, 용왕신, 지신,
명치 끝 비호같은 외씨버선 하늘을 휘감고
천국과 지옥을 교신 하던 휘파람
혼백의 영혼에 넋 잃은 관중들
이승과 저승의 낯선 갈림길에서
길을 찾는 한 마리 나비가 되어
굽이굽이 구천을 돌고 돌아
신들의 심판을 받고 있다

국제시장에서 한국어 강사까지

초등학교를 겨우 마친 소녀가
국제시장 장돌뱅이가 되었다
어머니와 처음 헤어질 때
눈물이 빗물처럼 흘러내렸고
내 또래 주인집 딸이 교복을 입고 학교에 갈 때
속울음을 울었다

영하 13도 양철지붕 얼음 바람이
손발에 문신을 새겨놓고
밤마다 바늘로 피를 짜내어도
가려워 잠을 잘 수가 없었다
말도 잘 나오지 않던 촌순이가 어른들의 흉내로
손님들의 주머니를 털어 내는 수법을 배워야 했다
물건을 다 골라 놓고 손님 기분대로
가격을 깎아주지 않으면
장돌뱅이가 하던
엄마 같은 손님이 가슴에 못질을 해대던 순간
장사란 정직하면 안 되고
하늘도 알아준다는 삼대 거짓말을 배워야 했다
아이들을 3, 4명 데리고 와서
색깔 모양 치수 다 맞춰 한 시간 입혀 골라 놓고

본전도 보지 않는 하늘같은 손님들
질식해 버릴 것 같은 감정의 노동을 삼키며
고향에 계신 어머니를 생각했다
서당개 삼 년이면 풍월을 읊는다는 옛말처럼
날이 갈수록 노련하게
손님의 주머니를 우려내는 기술을 배웠다
사람의 기분을 감지하며 교묘하게
구미에 맞게 끌어당긴다
세월을 속이고 나를 속이며 강산이 네 번 바뀌면서
어른이 되었고 生老病死로 해가 팔부 능선에 와 있다

켜켜이 찌든 때를 씻으려고 강산이 변하는 동안
잠자지 않고 갈고 닦아 소원하던 글밭에 왔는데
장터보다 더 악취가 글밭에서 난다니
충격 속에 숨이 멎어버릴 것 같았다
평생소원 한국어 강사가 되었으니
비우고 용서하고 사랑하자
죽는 날까지 물처럼 구름처럼 흘러가야지
눈과 귀를 막자
사는 날까지 길을 잃고 헤매는 사람들에게
등불이나 켜 주는 것이 내가 해야 할 일인가 보다

제삿밥

그믐밤 호롱불 문틈으로 비춰올 때
이웃 영순 엄마 제삿밥을 이고 왔다
제삿밥 소리에 번쩍 눈이 떠졌지만
선이 깰라 쉬쉬 소리 죽여 먹던 오빠들
자는 놈 몫은 없다는 핑계를 대며 먹어 치울 동안
자는 척 누워 침만 삼켰던 어린 시절
죄 없는 이불만 당겼다 놓았다
하얀 밤을 지새우던 그믐날 제삿밥

내 짝 정에게

작은 거인 내 님아!
오늘도 즐거운 공을 날리며
세월을 마시고 하늘을 마시며
참 많은 시간이 흘러가 버렸네
하늘 같은 기둥 보내고 텅 빈 집
돌 같은 짐을 지고 삭히며
아린 가슴 아무도 볼 수 없는 아픔
깊은 곳에 숨겨놓고
늘 입가에 미소로 반기는 내 님아!
人生事 순리대로 또 해가 지고 있다
봄 가고 여름 겨울 강산이 또 변하니
우리 육신도 적신호가 켜지고 있네
내 짝과 떨어져 있어도 늘 함께 가는 길
님아! 우리 지금처럼 십 년만 버티자
네가 아프면 나도 아프니까
강산이 한 번 더 변할 동안만 버티자
세상 만물이 활력을 마시는 오월
둘이 함께 손 잡고 끝까지 달려보자
지난날처럼 힘찬 발걸음 내딛자
사랑하는 짝 내 님아!

강의 노트

울울 밀림 속에 청정약수 샘 솟는다
가슴 깊이 스며드는 짜릿함
오랜 사무침에 목마름 촉촉이 적셔준다
계곡을 흐르는 옥구슬은
언어의 씨앗으로 움이 돋고
넓은 항해를 열어가던 눈망울
꿈속을 헤매며 묵묵히 걸어온 길
터질 것 같은 영롱한 물방울
올올이 엮어 씨앗으로 모종할
외성의 함성 교정의 언덕
영원히 간직할 이름 나의 강의 노트

제 2 부

이별이라 부르지 않겠다
공가
첫 지하철 풍경
절박한 삶
무안에서 온 농부 아저씨
떡장수 욕지댁
지울 수 없는 상처
수국이 피던 날
봄이 오는 소리
첫눈을 기다리며
부치지 못하는 편지
하늘에 띄우는 편지
몸에게 용서를
지하철 구걸
오십 년 지기 벗과 이별
소리 없는 울림
칠순 학생의 눈물

이별이라 부르지 않겠다

고대 파피루스 종이에 새겨진 난해한 글자처럼
내 손바닥 발바닥 새겨진 무늬를
오직 너만이 해독할 수 있는 시간을
나는 이별이라는 말로 부르지 않겠다
평생 지워지지 않는 문신으로 가슴에 판화된 흔적
이마에 붉은 낙관으로 찍혀 있는 흔적을
나는 마지막이라는 말로 부르지 않겠다

수십 년 우리의 동거는 뜨거웠다
망망대해를 항해하는 나를 지켜준
너는 따뜻한 모성이었다
먹구름 속에서 나에게 파란 하늘을 보여준 너는
살을 찢는 바람도 뼈를 깎는 눈보라도
모두 희망이라고 가르쳐 준 너는
혈보다 뜨거운 나의 분신이었다

신이 내려주듯 캄캄한 밤중
나에게 동아줄을 내려준 땅
고맙다 내 삶의 터전
이제 이별의 포옹을 해야 할 시간이 왔는가

나에게 안겨준 선물이 너무 찬란하구나
수십 년 알알이 내 눈물을 먹고 자란 너
모두 너의 것
하나하나 실에 꿰어 너의 목에 걸어 주마

위리안치의 죄인처럼 가시덤불로 둘러친 그 속에서
나 기약 없이 떨 때
팔 걷고 피 흘려 구해준 나의 하늘아
바람 앞에 등불처럼 위태로운 나를 등에 업고
시퍼런 강을 건너 준 나의 하늘아
우리 이별의 노래는 부르지 말자
잘 있거라 손짓도 하지 말자
손짓도 하지 말자고 다짐하는데
하필이면 가을
울긋불긋 물들어 가는 가을 산이 눈앞에 흔들린다
눈물 속에 핀 꽃처럼 고운 단풍이 자꾸 흔들린다
물에 불린 별빛처럼 흔들린다

공가

중풍을 만난 노구가 몸을 가누지 못한다
합병증이 온몸을 침투하니
햇살도 힐끔 되돌아간다
수돗가 모퉁이 쫓겨난 노숙들
한때는 새 생명의 불씨를 잉태했던 주인공들
쭈그리고 앉은 고양이의 울음이
치매 노인처럼 떨고 있다
얼기설기 엮어진 장미 덩굴도
서리가 꽉 내려앉았다

휘어진 다리 팔부능선에 선 노파
고물이 고물을 리어카에 담고 있다
한때는 호의호식 뽐내던 주인공들
길모퉁이에 패잔병처럼 늘어져 있다
안간힘으로 버티고 있는 간판이
바람에게 묻고 있다
어지러운 세상 그만 내려달라고

편의점 라면을 손에 든 노숙자들
이쪽저쪽 자리를 엿보고 있다

첫 지하철 풍경

어둠이 가시지 않은 첫 지하철 안
고목나무에 붙은 오척 단구가
태산 같은 눈꺼풀이 내려앉았다
대가 부러진 우산이 뭉그러진 손을 잡고 있다
세파의 고난이 덕지덕지 붙은 점퍼가
가장이라는 이름을 짊어진 채
뒤꿈치 다 닳은 등산화가
세상을 떠받들고 있다
묵음정진 석가모니 부처님의 말씀을 엿듣는다
길에서 나서 길에서 생을 마쳤던 부처님은
수보리여, 세상은 공수래空手來 공수거空手去여,
허공의 메아리 남기시고 열반하신 부처님께서
측은지심惻隱之心 내려 보신다

절박한 삶

가장의 수레를 짊어진 엄마가
춤을 추어야 했다
휘황한 불빛 아래 취객들의 품에 안겨
슬픔의 몸놀림을 미친 듯이 움직여야 했다
밤마다 천근 발걸음 무디기만 한데
근계 친척들 쑥덕쑥덕 고개 돌리더니
남루한 그녀의 삶을 향해 조소를 날렸다
단 한 푼 보탬도 못해준 자들이
깔깔대며 조롱을 하고 재를 뿌렸다
곁에서 심장이 터져버린 고등학생 아들이
괴성 벽력을 질렀다
"당신들이 우리에게 쌀 한 톨 준 적 있으면
나와 봐 나와 보라고"
찬물 끼얹듯 조용해져 버린 친척들
하늘은 세상을 지그시 내려보시며
사람의 삶은 고귀하기만 하다고

무안에서 온 농부 아저씨

서울역 한쪽 언저리 겁먹은 동심
하늘도 무심한 날벼락 앞에
꿈은 먼 세상 어린 자식들 생각에
죽지는 말아야 할 가장의 무거운 발걸음
친척집을 찾아 서울을 왔건만
어디로 흔적도 없는 어둠 속에
까마귀 우물 돌 듯 식탁을 기웃대던 눈
살며시 귀엣말로 배고파요 우동 한 그릇 사주세요
김밥 두 줄에 우동 한 그릇 개 눈 감추듯
몽당빗자루 같은 손마디
한증막 불볕 속에 겁먹은 생명들
서울역 음식점 무안 아저씨 생각에

떡장수 욕지댁

산복도로 천막 동네
끝 골목 우리 앞집
공사판 일용직 이 씨 아저씨
저녁 밥상은 문밖으로 내동댕이치고
고래고함 소리 어둠을 삼켰다
사흘이 멀다 하고 토해내던 비명
내 심장 비수로 내리치던 하늘
밥그릇 국그릇 접시 몇 개
난장판 부뚜막에 망부석이 된 욕지댁
단칸방 어린 눈들 겁먹은 울음소리
창밖의 별을 따서 문신으로 새긴 가슴
시장 어귀에 쭈그리고 앉은 채
떡을 팔던 욕지댁
지금은 어디에 살고 있을까
겁에 질린 아이들 까만 눈들이 선한다

지울 수 없는 상처

화장실, 사무실, 냉장고 쓸고 닦고 씻고
묵은 때가 질 때마다 우두머리는
야릇한 미소를 띠며
가장 힘든 일에는 제일 먼저 'o' 씨가 생각이 난다던
하늘같은 우두머리 명령에 흥이 난 무수리
온몸에 땀이 범벅되어도
방 수리 난장판 집 정리 옷 정리 열두 시간
백화점같이 디스플레이 할 때 행복했네

때로는 손자를 업고 문학 봉투 작업 봉사하며
자기 밭에 나가 고추, 깻잎, 상추, 고구마를 캐기도 하고
삼 년 희극 연습 회원들의 뒷바라지와 식사까지
서툰 곡예 운전 아슬아슬 진땀 속에서도 즐거웠네

흐르는 세월 변화와 함께
밑바닥에서 허물을 벗으려던 시간
몸과 마음 영혼까지 바쳤던 곳
노년의 동료들을 만나 물고기가 물을 만난 듯
철없이 기뻐하고 행복했던 세월은 빈 쭉정이였네
믿음도 언약도 흙탕물이었네

하늘같은 우두머리 얼굴에는 천만년
벗겨 낼 수 없는 철가면이 씌워져 있었고
그에게서 풍기는 냄새는 악취로
세상을 오염 도가니로
위선인지 허울인지 철없는 무수리는
사랑 타령만 하고 있었네
시궁창인 줄도 모르고 디딘 첫 발이
오랜 상처로 치유되기 힘이 든다
지나간 하늘 저편의 먹구름 언제 벗겨지려나

수국이 피던 날

분홍빛 아기 뺨 옹알이 들려올 때
초롱한 눈망울 옥구슬 되어
마당놀이 난장 치던 네 아들의 웃음소리

담장 밑에 벽돌 깨고 닭똥 탄약 숙성시켜
고사리 손 모종 뿌린 방울 같은 씨앗들
채송화 수국 석류 목련 달리아 장미
담장 아래 함초롬히 새날에 눈을 뜨면
햇살도 아이들과 손에 손을 잡고
벌 나비 잠자리 떼 마당놀이 한판
귓가에 아롱아롱 수국이 피던 날
주일 첫날 수국 한 아름 교실로 향할 때
별처럼 반짝이던 눈들의 함성
선생님 아이들도 등에 업힌 쌍둥이도
꽃물결에 빠져 놀던 웃음소리
밥보다 더 맛있는 까르르 웃음꽃

봄이 오는 소리

새봄이 온다는 소식이 왔다
찬 바람 언 땅에
노란 새싹 같은 사랑의 말씀
그대의 작은 목소리에
가슴이 떨려 온다
훈풍을 맞이하는 설렘 속에
아직도 땅 밑 저마다 번져가는 미소
그대를 생각하면 그냥
바보 같은 미소가 입가에 번져 온다
십칠 세 소녀의 요동치는 가슴
푸른 창공 꿈을 향해 달려가는 종달새처럼
두 팔 날개 달고 아지랑이 속으로
이른 새벽 도란도란 생명의 소리
새싹들의 속삭임 내 몸속에 스며든다

첫눈을 기다리며

온 세상 하얗게 눈이 내리는 날
밤새 눈 속을 헤치며 오시려는 당신
행여 누가 볼까 마음졸이며
천 리 길 사뿐히 즈려밟고 오시려나요

그 많은 날을 기다리며
나풀나풀 나비처럼 숨어 오신다고요
두근거린 가슴으로 맞이할게요
눈 위 서로 손 부여잡고
끝없이 달려가는 꿈을 꾸고 있어요
넘어지면 일어나 다시 하얀 세상을 향해
아무도 몰래 오시는 그대를 기다리며
밤새도록 창문 열어 귀 기울이고 있어요
하얀 솜 눈 위를 즈려밟고 오세요
내 귀에 사뿐사뿐 들려오는 발자국 소리
사슴처럼 사뿐히 찍으며 오세요

부치지 못하는 편지

비 오는 날이면 누구에게 편지를 쓰고 싶다
고물 만년필에 잉크를 찍어서
눈동자를 마주하며 대화하듯 편지를 쓰고 싶다
겨우내 봄을 기다리는 땅속 생명들의 설렘 같은
노란 새싹 같은 마음의 문을 열고 싶다
깊은 기억 속에 숨겨 놓았던 주머니를 열어
떨리는 마음으로 다가가서
해맑은 눈동자로 마주하고 싶다
흐르는 맑은 물에 손을 씻고
향기로운 마음으로 다가서서
좀 어눌하고 철없는 행동을 할 때도
덩달아 박자를 맞춰주며
큰 가슴으로 품어 안고
기쁨을 같이 해 줄 수 있는 사람이면 좋겠다
남자도 좋고 여자도 좋다
나이도 상관없지만 산을 좋아하며
자연을 즐길 수 있는 사람이면 좋겠다
해변의 파도 소리에 귀를 기울이며 조용한 카페에서
은은한 멜로디를 감상하며
산봉우리에서 마음껏 소리도 질러보고
마주보며 박장대소하는 모습도 참 좋겠다

하늘에 띄우는 편지

오늘 밤에도 편지를 씁니다
피안의 어느 곳에서 영혼으로 보실 선생님
내 몸에 둘러친 하늘과 수족에게
연어처럼 인생을 살아야 한다고
허물어져 가던 영혼에 불을 지펴주신 분
마라톤 선수처럼 천천히 공부하라며
옥구슬 눈빛 속에 내 생의 스승님
감춰둔 한마디 말 못 하고
십 년 후 만나자던 약속
'짧은 만남 긴 이별' 손을 흔들던
바람에 꽃잎처럼 날아가던 미소

애타게 기다리던 그날을 잊으셨나요
대학 합격 때 꽃다발을 안고 꿈속에 오시더니
십 년 약속 이 년을 남겨놓고 꽃 지듯
간다는 말도 없이 가셨나요
오늘 밤도 부칠 수 없는 편지를 씁니다

몸에게 용서를

뜨겁게 내리쬐던 햇살을 받아먹고
두 팔을 힘차게 기량을 펼치던 날
나무들이 어느새 찬 바람 맞을 준비를 하고 있다
바람결에 떨어지는 낙엽을 보며
또 한 해가 저물어 가고

어머니 품에서 멋모르고 태어난 운명
가는 길은 험난한 가시밭뿐이었다
산을 넘고 강을 건너 거친 물결 헤쳐 온 길
풋풋한 오월에는
회갑이 올 때를 손꼽아 기다리며
늙어도 늙었다고 말하지 않으리라
세월아 어서가자
돌 같은 수레가 어깨를 짓누르던 날들
살아야 했기에 삼천 배를 밥 먹듯이 하였다
한 걸음도 벗어나면 죽는 줄만 알았지
무서리 받아먹고 어둠을 헤치던 몸
헌옷처럼 뼈가 닳고 모서리가 낡아 버렸다
빨간 신호등이 엄하게 벌을 내리고
얽히고설킨 혈육들 벗어날 수 없었던 날

다 낡은 자동차가 빨강불이 왔다
녹슬고 허물어진 부속들 이제 그만 하라고 한다

어쩌랴 아픔도 미움도 분노도 용서로
아름다운 세상 소풍 와서 놀다가
노을 지는 해를 따라가야 할까 보다
몸아 미안하다 애원을 해 본다

지하철 구걸

한낮 지하철 안 갈색 코트에 배낭을 메고
육십 대 중반 노신사가 노래를 불렀다
얼굴엔 그을음이 지도처럼 어지럽고
띄엄띄엄 상처 난 살갗 피멍 자국이
그의 삶을 대변해 주고 있었다

중절모 속에 지폐 몇 장 시선을 끌며
"옛날에 금잔디 동산에"를 불렀다
지하철 안은 쥐죽은 듯 고요한데
"오가며 그 집 앞을 지나노라면"
무대 위에서 열창하는 성악가가 되어
넓은 가슴과 품위 있는 몸매가
어느 훌륭한 학자 폼이다

태산을 품었던 큰 가슴에
존경받으며 살아왔을 귀한 인품
누구로부터 배신을 당했을까
가정이 파괴되었을까 자식을 잃었을까
온갖 상념 속에 목울대가 꽉 막혔다

풍진 세상 어진 이들 설 곳을 빼앗고
사랑도 저주도 한 번 왔다 가는 세상
홀연히 낙엽처럼 바람 따라 갈 인생
세상을 등진 지하철 걸인

오십 년 지기 벗과 이별

일주일 세 번 오십 년 지기
친구 짝과 우리 짝이
잔디 위에서 아픔의 공을 날려 보내고 있었다

작은 공속에 멍울을 담아 끝없이 날렸다
하루 이틀 정신 줄을 놓아가던 나의 벗은
공도 없는 채를 허공에 날리더니
먹는 것 입는 것 세상을 거역하고 있었다

나는 푼수처럼 코미디 연출을 해 보았지만
두꺼운 장벽이 가로 막혀 어디론가 가버린 벗
천재라던 이름 타오르던 눈빛 누가 빼앗아 갔나
공도 없는 빈 땅에 채를 흔들던 초점 잃은 눈

숯덩이로 까맣게 타버린 가슴을 안고
아내는 하늘을 보며 소리 없는 통곡을 하고 있었다
앉으면 눈을 감고 장닭 꼬리만 흔들려도 웅크러 들더니
거미줄로 생명 줄을 잡고 눈만 떴다 감더니
밤새 누가 진회색 물감을 하늘에 뿌려 놓았나
한마디 말도 없이
영영 오지 못할 먼 곳으로 가버린 나의 벗

소리 없는 울림

언니야 쑥 캐서 보낸다, 고사리 꺾었다
손가락 관절 펴지도 못하던 손
수술한 무릎 열이 나서 울부짖던 막내아우
어둠 속에 메아리가 자시를 지나고 있다
복수가 차올라 두 번 물을 뺐다는 의사의 말
메리놀 병원에서 센텀 병원에서
수십 년 사경을 헤매던 딸 같은 내 분신
열 번 죽음에서도 기적처럼 살아나더니
폭탄을 품어 안고 참아온 육십삼 년
언니야! 거미 같은 목소리
세상을 마감하고 먼 길을 떠났다
간경화 말기에 사지가 굳어 갈 때
북통 같은 배와 기둥같이 부은 다리
뼈와 가죽만 남은 얼굴을 끌어안고 닦아주며
꺼져가는 불씨 앞에 목젖만 아팠다
시간을 다투는 생명 앞에 허깨비처럼 서서
봇물로 쏟아내던 제부의 눈물
오늘 밤 꿈속에서 언니야 손짓하던 내 아우야
어렴풋한 메아리가 점점 사위어 가고 있다

칠순 학생의 눈물

칠십 회 생일을 맞는 남편에게
아내가 난생 처음 써 보는 편지란다
당신과 만난 지 엊그제 같은데
십 년 강산이 다섯 번 변했네요
아들 딸 여섯, 손자 손녀 일곱, 스물한 명 우리 가족
자식들도 모두 중년이 되었어요
열여덟 소녀가 외아들 당신을 만나
아들 딸 여섯을 낳고
고추보다 매운 시어머니의 시집살이와
자식들의 뒷바라지 농사일
내 몸이 있는지 없는지
칡넝쿨로 얽힌 세월 살아 왔어요
이제 까막눈은 기적 같은 편지를 씁니다
어린 것들이 있었기에 모진 목숨 끊지 못하고
오늘에 이르렀다는 할머니 학생의 끝없는 눈물 고백
함께 손을 잡고 아린 가슴 쓸어주며 나도 함께 울었네

제 3 부

탄생
다시 돌아가지 않으리
청사포의 추억
간이역
지구가 울고 있다
천사들의 눈
레티안과 마후라
우리 엄마다
엄마, 물에 빠졌어요
아들 팔뼈가 부러지고
꺼져가는 생명 앞에
꿈속에 행복했던 날
커다란 눈
아이들 옷동산에서
애기 꽃
밤열차
동천강 앞에서

탄생

아가야 왔느냐!
네가 이 세상에 오던 날
온 세상은 꽃물결로 넘실거렸지
젖을 물고 엄마 눈을 마주하던 날
입속에서 노란 꽃씨가 번져
온 대지를 싹 틔우던 너였지
배냇짓하던 너의 미소에
햇살도 깔깔대던 우주가
너의 입속으로 들어가 호수로 퍼져가니
내 마음은 꽃물결에 넋을 잃고 말았다
연분홍 옹알이 옥구슬로 구르던 날
연초록으로 번져 가던 떨림
내 가슴은 꽃잎에 젖어
너의 속으로 풍덩 빠져 버렸던 날

다시 돌아가지 않으리

푸른 가슴 하늘을 품고 마음껏
그날의 일들을 영상 속에 담아본다

한 오백 년 살 것처럼 넘치던
황하강도 건널 것 같은 기상
설악산 공룡능선도 무너뜨릴 것 같은 환희도
이제 먼 곳 어디쯤 사위어 가는 해와 달
저 산 끝자락 넘어가는 연습을 하고 있다

진시황제도 불로장생의 원력을 꿈꾸었지만
세월 앞에 무릎을 꿇고
오늘이 지나면 새로운 날이 오고
아침 해가 뜨면 지고
바람 따라 저 구름도 가고 있네
쌍둥이 아들을 업고 안고
밤도 낮도 없이 뛰어 왔던 날
허허벌판 나무 한 그루 심으려고
물 흐르는 길 따라 여기까지 와 있네
가슴은 이미 텅 비워 재가 되었고
구름 흐르는 곳으로 날갯짓하고 있다

세상을 걷다 보니 종착역이 가깝다고
귀엣말로 속삭인다
이 몸 천상에 다시 태어난다 해도
그날로 다시 돌아가지 않으리
젊음도 아픔도 기억조차 싫은 날들
그 무엇을 준다 해도 다시 가지 않으리

청사포의 추억

파도가 멍울을 씻어주는 듯
하얗게 유리알처럼 부서지던 날
이슬비가 내리던 철길을 따라
우산을 받쳐 들고
오월의 꿈속 사춘기 소녀가 되었다
온 세상이 나를 위해 만들어진 시간인가
깊은 내면에 쌓여온 아픔이 눈처럼 녹아내리고
어떤 언어로도 표현할 수 없는 나만의 행운이
눈살이 돋아나듯 흥겨웠던 순간이었다

지금도 잊을 수 없는 추억의 철길
꺼져가던 영혼에
불씨를 지펴주신 파도
아무도 살지 않는 작은 섬으로
끝없는 수평선을 새처럼 날아
꽃도 심고 맑은 샘을 파 놓고
살고 싶었던 날
영원히 살아서 간직할 그날의 추억

간이역

어둠 속에 파도와 싸우며
밤잠을 멀리하고 잡아온 해산물이
간이역에 다 모인다
모진 바람에 온몸을 다 바쳐
아들딸 등록금에 큰 희망에 부풀었다
마을 사람들의 안식처 작은 사랑방
누구 집 아들 대학 합격 소식
어느 집은 잔치를 또 누구 집 아들이 취직이 되고
건넛마을 누구 집에
남편이 아파서 병원에 입원을 하고
도란도란 입들이 모여 소식의 장이 되었던 사랑방

긴 연기 속에 달려오던 열차
마을 사람들의 발이 되고 꿈을 주던 간이역
시골길 외롭게 오가던 나그네 쉬어가던
오순도순 애기꽃을 피우던 안식처
끈끈한 인정이 싹트던 곳

아이들 울음소리 사라지고 학생들이 사라지고
서산에 뉘엿뉘엿 해가 저물어 가고 있다

달팽이 껍질처럼 강물 따라 흘러갔나
아낙들도 학생들도 아이들도 흔적 없이 사라져간
아련한 추억 속의 간이역

지구가 울고 있다

세계에서 가장 높은 에베레스트 산
히말라야 록키산맥 알프스 산
하얀 백설로 품어 안은 산
등반가들의 이상향 꿈을 간직한 곳
신의 세계 하늘과 땅의 정기가 맞닿는 곳
기후의 이변으로 눈과 빙하가 사라지고 있다
최고봉 산 아래 얼음이 녹는 곳에 객들의
오염들이 지천으로 늘려있고
신선의 땅이 파괴되어 간다는 소식이다
남극과 북극의 빙하가 녹고
동물들도 차차 사라진다는 보고다
바다에는 온갖 오물로 바다 숲이 없어지고
바위들도 하얀 곰버섯이 둘러싸여 있다
산마다 강마다 바다까지 오염된
하나밖에 없는 지구가 중병을 앓는 소리

살고 싶다 아우성 울부짖는 소리를 듣지 못한다
내가 버린 쓰레기 오물이 천둥소리로 들려온다
일회용 배달 음식 껍질 감당을 할 수가 없다
나 한 사람이 버린 쓰레기에 죽어가는 생명들
저 아픈 소리는 내 심장 피 울음소리

천사들의 눈

팡파르가 울려 퍼지고
진행자의 맛깔스런 입담이 한 편의 드라마 같다
봄꽃 속에 나비가 쌍쌍이 날갯짓하던
서른일곱 쌍의 다문화 여성 합동결혼식 날
녹색 저고리 붉은 치마
천상의 나비 날개를 나풀대며
웨딩마치 음률 따라 날아가고 있었다

오색 단장 꽃가마를 타고
씽씽 공항의 드라이브
유명 연예인들의 향연이었다
꿈만 같은 어린 싹들 맑고 순한 눈동자가
아침 이슬처럼 반짝이던 날
햇살도 방긋방긋 환호의 박수를 보내고 있었다

레티안과 마후라

선생님 하며 불쑥 선물을 내 미는 제자가 있었다
크리스마스 선물이요 "선생님 하나 샀어요."
예쁘게 포장된 선물
베트남에서 한국으로 시집온 지 2년이 된 레티안,
20대 아이 엄마가 아이를 업고 학교에 왔다
남편은 공사현장으로 아내는 아이를 업고 학교에 왔다
한국과 한글을 알아야 자식을 키운다는 다부진 생각
내 유년 동생을 업고 학교 가던 생각이 났다
각국에서 온 여성 중 선두를 놓치지 않는 레티안
시험과 받아쓰기 거의 만점이다
매사에 영특함 아이를 업고도 못 하는 것이 없다
저녁이면 퇴근한 남편에게 아이를 맡기고
목욕탕에 때밀이를 간단다
저녁 7시부터 늦은 시간까지
혈혈단신 타국에서 어린 아이 엄마,
값진 인생을 엮어가는 모진 결심
총명한 눈빛은 사랑이 담겨 있었다

10년 전 불쑥 내밀던 마후라가
선생님 부르며 레티안의 눈을 마주하고 있다

우리 엄마다

둘째 아들 일학년 때
휴일 날 골목에서 엄마 부르며 달려오던 아들
친구들아 이리와 우리 엄마다
친구들에게 우리 엄마라고 소개하던 아들
나도 엄마가 있다고 자랑을 하고 싶었던 아이

엄마가 해 주는 밥 먹고 간식을 먹고
응석도 부리며 놀고 있던 친구들이 부러워
어린이집을 다녀와도 학교를 다녀와도
눈만 뜨면 장사를 가야 했던 엄마
늘 텅 빈 집 야단치는 아빠는 있어도 엄마가 없는 집
배가 고프고 먹고 싶은 것도 많은데
어리광을 부리며 할 말도 많은데
아빠에겐 할 수 없는
배가 고픈 것보다 엄마가 고파서
휴일이면 엄마가 있어 기가 살아나던 아이들
지금도 그날들이 아릿하게 아파온다

엄마, 물에 빠졌어요

쌍둥이 아들을 낳고 네 아들을 키웠다
일학년 큰아들이 오후 5시 무렵 생쥐가 되어
"엄마, 물에 빠졌어요 어떤 아저씨가 건져 주었어요"
감천 바닷가 아이들과 놀다 바닷물에 빠진 큰아들
밀물 시간이면 2미터까지 올라오는 물속인데
어떻게 아이를 건졌는지 생각만 해도 아찔한 순간을
어른이 보지 않았다면 어떻게 되었을까

집에 엄마가 없었다면 아들은 어떻게 했을까
누구인지 알 수 없는
아들을 건져 준 생명의 은인에게
감사의 인사를 하고 있다

아들 넷을 키우며 국제시장에서 아동복 장사를 할 때
저녁 무렵 비를 맞고 엄마를 부르며
바닷가에서 울고 있더라는 이웃집 아낙의 말
아린 가슴을 짓누르며 집으로 달려오던 엄마
어둠 속에 아이들을 안아 줄 시간조차 허락하지 않던
줄지어 내 손을 기다리는 일들
밤잠도 잘 수 없던 시간
가슴에 천둥소리 같은 아이들의 울음소리

세상을 하직하며 모든 것을 끝내려던 순간
네 아들의 엄마! 귓가에 들려오던 울음소리에

강산이 다섯 번 바뀐 오늘
나라의 역군으로
각자 맡은 자리에서 땀으로 살아가는 아들들
개구쟁이 아들 넷 중년이 되었지만
그날 대문에서
엄마! 부르던 아들의 목소리가 들려온다

아들 팔뼈가 부러지고

갑자기 골목에서 아들의 울음소리
집 앞 철 계단에서 떨어져 팔뼈가 부러졌다
쌍둥이 아들 집에 두고
다섯 살 장군 아들을 업었다
건넛마을 태권도장까지
땀을 뻘뻘 흘리며 찾아간 태권도 관장은
남부민동 유도방을 소개해 주었다
엑스레이 세 번 찍고 골절된 팔 깁스를 하고
50일간 매일 출근하듯 치료를 받았다

쌍둥이 아들을 업고 계단을 오를 때
아픈 곳은 간곳없고 신이 난 아들
엄마와 손잡고 버스를 탈 때의 기쁨
하루 만에 붕대가 걸레가 되고
관장의 기막힌 말씀
몇십 년 치료를 했지만 처음 본 아이란다
태어날 때 4.4kg으로 태어난 아들을
도장에서 장군이라고 불렀다
치료 시간 코를 골고 잠을 자던 아들
잘 먹고 잘 자고 팔이 부러져 깁스를 해도

아픔은 간곳없고 잘도 놀았다

엄마가 그리워서 함께하고 싶었나 보다
아찔했던 기억 지금도 그날을 잊을 수가 없다

꺼져가는 생명 앞에

어이할거나 저 많은 생명들
일주일째 숨통을 조여 오는 화마
울주군 산과 강원도 산에도
붉은 화마가 세상을 태우고 있다
화산이 터져 세상을 뒤덮듯이
붉은 악마가 숨통을 막고 있다
땅 밑에 잠자는 생명들 어이 할거나
몇천 년을 묵묵히 그 자리에서
생명들의 그늘이 되고 추위를 막아주던
큰 얼굴 바위들
화마 속에 생명을 잃고
살점이 떨어져 나뒹구는 아우성

어이할거나
내 머리카락이 불타는 소리
비야 언제 오려나 저 불을 좀 잠재워 다오
첩첩 쌓인 저 불쏘시개
바삭바삭 산을 삼키는 화마의 입
새까맣게 조여 오는 숨통
저 생명들은 어디로 갈까

땅 밑 생명들 어이할거나
울어보지도 못한 채 생을 마감하는 숨소리
작은 불씨 하나가 온 세상을 삼켜버리는
어이할거나 꺼지지 않는 저 붉은 악마를

꿈속에 행복했던 날

하늘이 내려주신 햇살을 받아
나는 산길을 걸었다
타임머신 탄 소녀는 착각에 빠졌다
미끄러지듯 달리는 차창 밖은
환상의 무대로 다가오고
먼 옛날 추억 속에 실크로드를 타고
오솔길을 속삭이며 걸었다
이 세상 끝까지 가고팠던 설렘이
환상의 차를 마시며 무한정 흐르던 시간
멜로디 선율과 속삭임
노년의 서글픔은 환상으로 치환되었다
꿈속의 환희 좌불안석
행복을 누가 빼앗아 갈까
비밀 문 감춰 놓고 나만이 몰래 누리는 기쁨
꿈속에서 영원이 깨어나지 않아도 좋은 날

커다란 눈

보름달 같은 얼굴에 유난히 눈이 컸다
눈이 커서 소눈이라고 불렀던 내 유년
눈이 큰 탓이었을까
내 눈에서는 작은 일에도 유난히 눈물이 난다
누가 엉뚱한 말이나 화를 낼 때도
내 목소리는 죄인처럼 얼굴이 붉어지고
염치없는 눈물이 뚝뚝 떨어진다
억울함이 차오를 때 슬픈 영화를 볼 때도
올림픽 메달에 애국가가 울려 퍼질 때도 눈물이 난다
병든 아버지의 비명 같은 신음과
엄마의 힘겨웠던 삶이
내 영혼 안에 푸른 문신으로 새겨진 탓일까
내 눈은 세상의 슬픔을 건져 내는 그물인가
세상은 가도 가도 눈물 흘릴 일 그치지 않고
그것들을 위해 눈물을 흘려야 하는가 보다

아이들 옷동산에서

이른 아침 가게 문을 열면 엄마 엄마 불러 댄다
이쪽에서도 저쪽에서도
엄마 나 예쁘지요 내가 더 예쁘지
노란 빨강 분홍 주둥이들 방울새 소리 같다

여기서도 저기서도 안아달라고
응석을 부리며 종알종알한다
사시사철 꽃송이들은 저들끼리 티격태격
동그란 눈을 뜨고 시샘을 하며
엄마의 시선을 지켜보고 앉아있다

오색찬란한 무지갯빛 동산에서
엄마는 아가들의 사랑을 먹고 웃고 울던
주둥이들의 요염한 모습들이
강산이 네 번 바뀌는 시간 속에
오늘도 종알종알
반짝이는 눈들이 엄마를 부르고 있다

애기 꽃

엄마 배 속에서 첫울음으로 세상에 왔다가
모진 인연 자르고 꽃으로 피었느냐
돌무덤 위에 하얀 눈 하늘을 이고
춥다는 말도 못 하고 신음하던 아가야
봄바람에 알몸으로 파르르 떨고 있는 너는
애간장 타는 눈을 유혹하고 있나니
진분홍 고운 빛깔로 환생하여 왔느냐
모질도록 아픈 사랑만 남겨놓고
일각을 다투더니
엄마 피울음을 온 산에 뿌려놓고
방긋방긋 배냇짓하던 앙증스럽던 너는
훈풍을 따라 꽃으로 왔느냐

밤열차

두더지가 첩첩 어둠속을 뚫고 달려간다
차 안에는 각양각색 이력서가 함께하고 있다
입 닫고 눈 감은 군상들의 모습에는
삶의 현장이 이력서로 제시한다
피로에 천근 무게로 내려앉은 농부의 눈
흰 두루막을 접고 앉은 근엄한 폼의 노신사
양복 폼의 귀티 나는 학자 스타일
각자도생은 모두가 잠든 밤이다

철커덕 철커덕 암흑 속의 괴물 소리
큰 가방을 맨 아녀자가 굉음 소리에
눈을 지그시 감고 삶의 현장을 응시하고 있었다
눈을 감아도 잠들지 않는 눈
어깨 짊어진 수레 생각에
천근 무게로 살아야 하는 밤차
강산이 네 번 바뀌는 동안
천둥소리와 함께 빨강 신호등이 켜졌다
정신이 아찔하던 순간 멈춤이라는 삶의 밤열차

동천강 앞에서

오늘도 발길이 강을 향해 멈추고
고운님 만나듯이 강을 만난다
반백 년 사투 끝에 기사회생 하려던 동천강아
새 생명의 숨소리가 가슴을 울린다
금빛 햇살 물결은 휘파람을 분다
오랜 정 다시 돌아오고픈 강
고맙다 사랑한다 미안하다
죄 없는 강 손가락질하며 외면한 우리를
철없는 아이 용서하듯 용서하고 싶은 강
새 생명을 위해 다시 돌아오고 싶은 동천강아
오십 년 아픔을 치유하고 장하게 일어서려는 의지
이른 봄 풀잎 같은 새 생명의 푸른 향기 띄우며
푸덕푸덕 뛰어 노는 살찐 숭어 떼와 함께
오늘도 발길이 강을 향해 멈추고
고운님 만나듯 애태우며 기다리는 동천강아
부산의 젖줄 북항의 시대가 열리고
오페라하우스가 세계를 열어가는 시대
새로운 장을 펼쳐가는 미래로 현실로
맑고 고운 얼굴로 돌아오라 동천강아!

제 4 부

물망초처럼
단 한 가지 소원
노년의 아픔
소의 숙명
산행을 하던 날
할머니 학생들과 손병도 동장님
이천분교 어린이들의 편지
학장천 물고기
봄 그리고 파도
매화
베개
억새꽃의 함성
삼락 공원에서
백마강 낙화암에서
고목枯木의 소리를 듣는다
울림
천성산 무지개 폭포

물망초처럼
– 순천만 정채봉 문학관에서

얼마만인가요
그때 그 미소가 지금도 내 안에 살아 있어요
순천만 푸른 갈대처럼
물 위를 날아가는 갈매기 떼처럼
치솟는 그리움이
춥고 배고픈 자 어루만져 주시던 손
수많은 독자들에게 사랑만 남겨놓고
'짧은 만남 긴 이별' 손을 흔들어 주시던 정
유월이면 담쟁이가 담을 덮고
느티나무 그늘 아래 길손들 쉬어가던
동숭동 샘터사에는
아직도 선생님의 영혼이 살아 있어요
푸른 하늘 갈매기 되어
천릿길 날아 오셨나요
견딜 수 없는 그리움
순천만을 향해 토해내는 아픔이었나요
손님맞이에 게들의 향연은
마냥 즐겁기만 한데
물보라에 부대끼며
흐드러지게 핀 억새꽃의 춤사위에

매료되시나요
하늘 구름 방석 펼쳐놓고
오는 임들 맞이하시는 미소
그립던 고향에 편히 앉아 계시네요

단 한 가지 소원

사고로 화상을 입은 청년이
손이 다 붙어 고통의 시련을 견디어야 했다
의사가 하고 싶은 말이 있느냐고 묻는 말에
당장 죽고 싶다고 했다
애인을 마주할 수 없다는 젊은 청년
의사도 그 말에 눈물을 흘렸다고 한다

형님과 같이 온 청년은 목이 당겨
잠을 잘 수가 없다고 했다
그는 의사에게 소원을 말했다
애인 얼굴을 마주 보며 차를 마시고 싶다고 했다

대장암 수술을 받은 여인은 호수로 변을 보면서
변기에 한 번 앉아 보는 것이 소원이라고 했다

당뇨병으로 시력을 잃은 남편은 눈을 떠서
두 딸과 아내를 보는 것이 소원이라고 했다

꾸역꾸역 페매며 살아야 했던 삶 속에
진드기 같은 피붙이들을 벗어 개운할 줄 알았는데

다 놓고 떠나보냈지만 무엇이 가득 찬 목구멍처럼
답답함이 허허롭기만 하다
하늘엔 기러기 향연을 펼치며
흰 고니 떼 노래를 부르는 곳
저 구름처럼 언젠가 가야 하는 날까지
사랑하는 사람들과 함께
주어진 나의 길을 가고 있다

노년의 아픔

뭉치바람이 몰아치는 시장 어귀에
게슴츠레한 눈, 쪼그리고 앉은 노파
고사리, 무말랭이, 들깨, 도라지, 생강
시린 바람 품어 안고
암탉 둥우리처럼 몸을 움츠리고
눈은 감은 채 망부석이 되었다
칼바람에 찢어진 비닐 조각이
할머니 가슴같이 나부끼고 있다

소의 숙명

크메르 루즈의 죄인처럼
소가 가고 있다
코에 코뚜레를 끼우고
입은 망으로 막은 채
고삐에 이끌려 가고 있다
한 걸음씩 한 걸음씩
쇠사슬에 묶인 죄인처럼
무거운 짐을 진 소의 발걸음

길을 걷다가 가끔씩 만나는 소를 볼 때마다
어린 소녀의 심장은 쥐가 나서 얼어붙고
눈엔 눈물이 고였다
발바닥이 헤지고 입안에 침이 흘러내려도
회초리로 발걸음을 재촉하는 주인
비포장 자갈길 절룩이던 다리
주어진 의무를 해야 하는 운명을 지고
멍에처럼 짐 벗을 수가 없어
힘겨운 발걸음 강산이 변했지만
아직도 벗을 수 없는 짐
날이 새면 밤새 쌓인 하늘을 지고
세월을 마시며 뚜벅뚜벅 길을 걸어가고 있다

산행을 하던 날

천지를 둘러싼 녹색 정원에
새들의 합창이 한창이다
큰 바위에 누워 팔을 베고 하늘을 본다
오빠의 손을 꼭 잡고
정찰기를 바라보던 하늘이다
갈퀴 손에 들고
솔방울 가마니 등에 지고
묘사 지내던 무덤가
떡 한 개 얻어 손에 쥐어주던 작은오빠
구름 속으로 끝없이 가고 있다
눈만 뜨면 베개 싸움질 오빠와 나
구름 속에 얼굴을 살짝 숨겼다 내민다
선아! 찾아 봐라 숨바꼭질하던 오빠
어느새 내 몸도 오빠 따라가고 있다
내 동생아! 틈만 있으면 책과 싸워라
세상에서 가장 고귀한 내 동생아
물총새 노랫소리 오빠의 부름처럼
계곡의 합창이 오장육부를 울리고
회색 구름 속으로 오빠가 가고 있다

할머니 학생들과 손병도 동장님

따뜻한 눈을 보았네!
정성 어린 손 동장님의 진실한 속내를
한글을 배우는 할머니 학생들에게
고향에 홀로 계신 부모님 모시듯
깊은 사랑 베풀어 주신 환한 미소를

효성스런 말씀과 인자하신 모습
힘들게 하지 말고 즐겁게 놀다 가시라고
지극정성으로 베푸신 정
야외 소풍 때도 마음 씀씀이
송도 케이블카 태종대 전동열차 신항 드라이브
손수 고기 구워 식사와 커피까지
평생 처음 받아보는 깊은 사랑을
나는 잊을 수가 없네

동장님께서 발령받아 가시던 날
울적해진 할머니 학생들
일 년 만에 다시 만난 동장님을 보던 순간
이산가족을 만난 것처럼
손을 잡고 눈물을 글썽이던

팔십대 칠십대 할머니 학생들
삭정이 같은 궁핍한 세상에
두고두고 잊지 못할 따스한 미소
오늘도 그리워지는 손병도 동장님

이천분교 어린이들의 편지

두고두고
아주머니가 보내주신 동화책을 읽고 있어요
어제 우리 소가 새끼를 낳았어요
아버지가 다리를 다쳐 깁스를 하고
목발을 짚고 다녀요
우리 학교 상원이와 경숙이가
울주군에서 웅변대회에서 일 이등을 하였어요
어제는 눈이 와서 길이 막혀 학교도 가지 못했어요
양순이가 감기가 들어서 학교를 못 옵니다
우리 동네는 약방도 없습니다
개울에서 얼음 타기를 하다가 넘어져
아주머니가 주신 옷을 입었는데 다 젖었어요
온 산에는 진달래 개나리가 피었어요
나는 너무 슬퍼요
이번 학기에 양순이와 경숙이가
다른 학교로 전학을 갑니다
아주머니 언제 우리 학교에 오세요
많이 보고 싶어요
빨리 오셔서 동화를 또 듣고 싶습니다
눈을 뜨면 사시사철 병아리 주둥이들의 조잘대던 소리

지금쯤 나라의 기둥이 되었겠지
어느새 훌쩍 가버린 세월
저물어가는 노을 속에 종알종알 소리를 듣고 있다

학장천 물고기

햇볕이 물속으로 들어선 오후
떼를 지어 몰려나온 저 요염한 무리들이
왕방울 눈과 둥근 주둥이가
뭇사람들을 유혹하고 있다
군악대 구령에 맞춰
대장의 지휘봉 따라 질서 정연히 꼬리를 흔들며
사열을 하고 있다
오리들도 발을 흔들며 노래하고
때를 만난 무리들 흥에 겨워 서로 몸을 비비대며
음악에 맞춰 사열을 하고 있다
흐르는 물속에 소리 없는 함성이 내 눈을 유혹하니
아~~ 대한민국 코리아~~
태극기가 푸른 창공에 휘날리고 있다

봄 그리고 파도

저 너울지는 파도 길을 아무도 묻지 마라
그대에게 꽃 한 송이 바치기 위해
첫닭이 울기도 전에 바다로 떠날 채비를 한다
꽃보다 속울음 우는 촛농 소리에 미소 짓던
늙은 어머니 틀니 부딪치는 아픔
바람 부는 날이면
망설여지는 발걸음 서늘한 세월
마른기침 삭이지 못한 바위
속세에 얽힌 삭정이 같은 정이
파도 속에 녹아 출렁인다
봄이 오면 파도에 부딪치는 소리
꽃으로 피어나는 눈물
아직은 꽃이 되지 못한 어수룩한 발걸음

매화

강바람 훈풍에 때를 만난 가슴
숨겨놓았던 제 몸을 풀어놓았다
뿜어져 나오는 설렘 주체할 수 없어
두 뺨 불그레 홍조를 띠고 있다

숨길 수 없는 요염한 자태
뭇사람 발을 멈추게 하고
저들의 세상인 양 분주하기만 하다

왜, 하필이면 추위 속에
저 홀로 피었는가
매화, 그 비밀을 깊은 속에 꼭꼭 묻고
그저 향기만 풀어내면 그 뿐인걸
저리도 눈들을 유혹하고 있는가

아 그런가 보다 꽃향기에 흠뻑 취한다
귀한 대우 받으려면 남이 하지 못할 때
저 혼자 하는 것인가 보다

베개

포근한 속삭임 눈을 감으면
바람을 타고 세계를 유람한다
눈 덮인 히말라야 산맥을 날아다니기도 하고
아프리카 오지 마을을 탐험하기도 한다

흙에서 피어난 붉은 꽃대
각진 공간을 채우기 위해 숨 고르던 열정
잘 여문 메밀을 거둘 때마다
땀에 젖은 적삼, 엄마 목소리 들려온다

엄마 팔베개로 잠을 자던 내 유년
엄마 냄새 맡으며 곤히 잠이 들곤 했다

오늘 밤도 나래를 펼치던 아이가
풍진 세월에 엄마가 되어
낡은 베개를 안고
엄마의 길을 따라 걸음을 재촉한다

억새꽃의 함성

수십만 노신사들이 한자리에 모여
노익장의 지난 역사를 토론하고 있다
대지 위에 펼쳐진 은빛 파도가
앞서거니 뒤서거니 순리를 따라
고개를 숙인 채 떠날 채비를 하는 중이다
지난 삶을 되돌아보며
누구에게 과업을 짓지 않았는지
하늘에 부끄러움 고개를 숙이며
풍진 세파 물결 따라
자존심 숭고함 사랑도 미움도 내려놓고
뿌리만 남겨놓고 가려고 한다
오가는 이들에게 아쉬운 작별의 손을 흔들며
홀연히 바람 따라 훠이 훠이 재를 넘어가고 있다

삼락 공원에서

사람들아
하늘 아래 생명이 살아 숨 쉬는 지상낙원
풀 한 포기 나무 한 그루
내 몸처럼 아끼며 사랑으로 가꾸자
날이 밝으면 개미 떼처럼 모여 공을 날리는 사람들
담배꽁초 종이컵 일회용 쓰레기가 웬 말인가
온갖 풀벌레 생명들이 살아서 숨 쉬는 곳에
눈에 보이지 않는 작은 생명에게도 병들게 하지말자
계절 따라 꽃들이 만개하고
억새풀 향기롭게 피어나며
새들은 신비의 묘기를 펼치는데

사람들아
심금을 울리는 천상의 소리에 귀를 기울이자
낙동강 푸른 물 유유히 흐르고
아기 살갗으로 피어나는 생명들
누르고 짓밟아도 아프다는 말 하지 못하는 싹들에게
걸음걸음 미안하며 사랑한다는 말 한마디 하자
아무런 수고로움 없이 보양제를 흡수하고
자연은 온 누리에 뭇 생명들을 다독이며

큰 가슴으로 안아주는 엄마 품 같은 텃밭
아이도 어른도 온 가족이 함께 푸르름을 만끽하는
행복의 안식처
사랑하는 삼락공원아!

백마강 낙화암에서

삼천 궁녀 치맛자락 허공 속에 펄럭인다
수평선 파도는 흰 구름에게 묻는다
유람선 객들의 노랫소리 들려오는데
능선 아래 고이 앉으신 고란사 부처님
백마강 물새들을 설하신다
묵묵히 내려 보시며 설법하시던 부처님
여인들의 젖 내음이 코끝으로 스며 온다
낙화암 정자에 올라 김황원의 '시'를 읊조린다

"평양성을 끼고 흐르는 강물
아! 넓기도 하여라"
강 건너 멀리 아득한 벌판에는
점 찍은 듯 까맣게 산, 산, 산,

절벽을 달리던 우레 같은 말 발자국
고란사의 종소리 넋이 되어 들려온다

고목枯木의 소리를 듣는다
- 월정사 고목 앞에서

육백 년 나이테를 몸으로 머금고
누더기 같은 살을 다 들어내 놓았다
한 점 부끄러움 없이 누워있는 고목의 울림

너는 왜 사느냐고 묻는다
너는 어떻게 살아 왔느냐고 묻는다
네가 한 거짓말을 얼마나 기억하느냐고
단 한 번이라도 부끄러운 적 있었느냐고,

온몸이 전율하여 돌덩이처럼
발걸음이 떨어지지 못한 채 바라본 월정사 고목
고목의 가슴이 뻥 뚫려 있다

사람들이 깔깔 대며 사진 찍기에 바쁘지만
고목은 제 가슴을 도려내어 훤해질 때까지
생각으로 세월을 보내고 있다

울림
– 월정사 구층탑을 바라보며

휘영청 밝은 달, 구층 석탑 끌어안고
적막의 풍경은 새벽을 열었다

오대산 오색 병풍 펼쳐놓은 성지에
청량한 목탁 소리
지상의 생명들에게
하루 살아갈 말씀을 들려주신다
새날의 정기를 몸으로 심취하며
적광전에 다소곳이 정좌하니
뜨겁게 들려오는 무언의 외침
영혼의 울림이 폐부 깊숙이 다가온다

천성산 무지개 폭포

신령의 정기로 태어난 생명들
자양분 머금은 물줄기가
온몸을 감싸며 안으로 스며든다

산의 혈맥이 젖줄로 내려
알싸한 숨결 전이되고
거목들 대화 소리 정곡을 찌른다

태산을 짊어진 대인
검버섯 듬성듬성 산 중인으로
떨어지는 물줄기
말없는 말씀 소리 없는 아우성
천지 우레 같은 말씀
오색 무지개 펼쳐놓은 곳에
아낌없이 주는 생명수
신명의 정기 흠뻑 마시며
놀다 가라 하신다
보아라 들어라 버려라 놓아라
아련히 들려오는 거룩한 말씀

제 5 부

마이산 돌탑
홍련암 목탁 소리
감실 어머니
꽃길
토함산 범종 소리
설악산 봉정암
마의 벌판을 가다
신비의 황산에서
몽골의 아침 해
바다 위의 세레나데
고흐를 만나다
모네의 정원
백설의 나라 북해도
오르세 미술관
톤레삽 호수 사람들
그날의 사진 한 장
하롱베이
뚜얼슬링 해골 박물관

깊은 강

마이산 돌탑

노총각이 여인에게 혼을 빼앗겨
밤마다 사랑으로 애무하며
잉태 시킨 진귀한 자손들이
가지런히 뿌리내렸다
소원 성취 빌며 지성으로 얻은 공로
비바람 눈보라에도 흔들림 없다

포근한 안식처 장엄하게 서 있는
셋 넷 다섯 쌍둥이들이 성스럽기만 하다
형제들 옹기종기 입 모아 노래하고
엄마 마이봉은 넓은 품으로 자녀들을 품고 있다
백년 세월 천지 신령님께 수명장수 빌고 있다

뒷산 올빼미가 밤낮으로 찾아오고
앞뜰 다람쥐가 몰래 와서 시샘한다
초롱한 눈들이 보석처럼 반짝이며
이름표 단 등 하나씩 손에 들고
자기소개 하며 손을 흔들고 있다

홍련암 목탁 소리

아스라이 깃을 세운
홍련암 법당 처마 끝에
구름도 함께 다소곳이 앉았다
나모라 다나 다라
비구니 목탁 소리가
죽비 되어 후려친다

두 손 모은 백팔 배
송골송골 땀방울이 맺힐 때쯤
수정 같은 맑은 말씀 풍경 소리로
가슴 깊이 젖어 든다

감실 어머니

경주 남산에 올랐더니 어머니가 계시더라
세상을 다 내려놓으시고 깊은 생각에 잠기신 어머니
쪽진 머리에 눈을 아래로 감은 듯이 뜬 채
풍진 세파에 뭉그러진 가슴을 숨죽이며
만금을 접고 입 꼭 다무신 엄마
다 버리시고 망부석이 되셨나요
차마 면전에서 볼 면목이 없어서
무릎 꿇고 용서를 빌 수조차 없어서
어머니 소리 없이 불러 볼 뿐입니다
한세상 잠깐 쉬었다 가는 인생
아옹다옹 말고 살거라 이르시던 말씀
모두가 한순간이다
밤낮 번갈아 해 뜨고 달뜨는 환한 세상입니다
어머니 나의 어머니 이 세상의 어머니
꽁꽁 언 가슴을 봄눈처럼 녹여주신 사랑을
평생 먹고도 남을 양식처럼
내 가슴에 부어주신 나의 어머니

* 경주 남산 감실 어머니 머리 위에서 뛰어다니며 사진 찍기에 정신이 없는 아들딸들에게 어머니께서는 정신이 없다고 하시며 그래! 머리를 밟든 앞에서 놀든 다치지만 말고 놀다 가라시며 입가에 미소를 머금고 계신다.

꽃길
– 서운암 꽃 축제

흩날리던 눈발에도
그저 무심이더니
죽비 소리에
놀라 지금 막 잠에서 깨어난
팔만사천 꽃몽오리의 함성
생명이고 은총이다
황매화 발자국 소리에
쾌자자락 신명나고
금아보살 덥석 잡아주던 손
마음속 길을 내는 환희
공작, 오리, 노니는 꽃밭
그도 뒤뚱뒤뚱 꽃물 든다

토함산 범종 소리

덩 ~ 덩 ~ 덩 ~ 덩 ~ ~
천지가 운행하여 또 한 해가 지나가고
희망찬 새해의 해오름
내 마음 밝히시어 지난날 지은 죄업 참회합니다
집착 시기 질투 용서하시며 새날의 새 희망으로
거듭나게 하시옵소서
동해의 좌청룡 우백호 토함산의 정기를 발하시어
우주를 가슴에 안으신 석가모니 부처님이시여
오늘 만 중생이 모인 이 자리에 부처님의 위력으로
새해에는 온 국민 모두 소망을 이루게 해 주십시오
자랑스러운 우리나라가 세계 속에
우뚝 솟아나길 기원하옵고
병들고 헐벗고 굶주린 이들을 두 손 펼쳐 안아주시고
탐욕으로 눈이 먼 우바이에게
지혜의 길을 열어주시옵소서
거룩한 부처님이시여!

설악산 봉정암

높고 높은 봉우리 법당에 앉으신 부처님
대청봉 1,700미터의 높은 능선까지
어찌 그 가파른 산을 올라 오셨습니까
하늘 능선에 편히 앉아 계신 부처님은
세상을 다 내려놓으시고 눈을 아래로 뜨고 계신다
굽이굽이 다섯 시간 오름길
부처님 법의 말씀 깊이 심취하려고
오동지 섣달 설한풍에 어둠 속에 손 모아 빌던
매서운 추위도 아랑곳 않고
콩나물시루에 밤을 지새우던
그날의 부처님
소원 한 자락 품어 보려고
산을 타고 바위를 타고 숲속을 헤치며
여기 법당에 무릎 꿇고 앉았습니다

하늘 아래 납작 앉으신
봉정암 부처님 말씀을 들으려고
뜬눈으로 밤을 지새우던
거룩하신 그 말씀
너 자신을 바로 보라 남을 위해 기도하라

마의 벌판을 가다
― 시베리아 횡단 열차를 타고

꿈속에 그리던 시베리아 횡단 열차를 탔다
일제강점기 십만이 넘는 우리 민족들이
흰 옷을 입은 채 죽음의 길을 달리던 열차
꿈인지 생시인지 그들의 비명소리가 들려왔고
눈보라 치는 시베리아에서 배고파 죽고 얼어 죽고
사지를 비틀던 마魔의 땅

기적적으로 살아난 몇 명의 사람들이
폐선 조각을 주워 배를 만들고
버려진 그물로 새우를 잡으며
오늘의 기적을 이룬 땅 '블라디보스토크'

그들의 뼈아픈 상처가
허허벌판에서 나를 향해 물었다
조국을 아느냐고 우리의 눈물을 아느냐고
아니 한 맺힌 땅에 묻은 민족의 설움을
아느냐고 물었다
기차는 삭막한 길을 달리고
내 가슴속에는
낡은 그물과 폐선이 고기잡이를 하고 있었다

신비의 황산에서

운무로 둘러싸인 신이 내린 황산
깎아 세운 기암괴석
케이블카 아스라이 곡예를 하고
바위 끝자락 하늘과 맞닿은 비단 구름은
비룡의 품속 애무로
생명을 잉태하고 있었다.
신령의 품에서 나라의 부름을 받은 거장들
후진타우, 장쩌민, 세계를 주름잡던 갑부 호설암
국가를 세우고 민생고를 해결한 위인들

사상가思想家 유교儒敎 철학哲學 해박한 지식
명문名文의 황산黃山 희주稀州에는
신信 의義 상商을 근본의 철칙으로
31명의 장급 23명의 장원급제 교육의 바탕은
어머니였다
"꿈이 없는 사람, 전생에 배우지 못한 자들
희주稀州 황산黃山으로 오세요."
"자녀를 교육시키지 않으려면 돼지를 키워라"
하늘 무대 펼쳐놓고
손님맞이에 분주한 계곡의 청청 옥수

도란도란 아이들 글 읽는 소리가 신령의 지시에 따라
손을 맞잡고 하늘의 웅비를 꿈꾸며
용마의 기운을 싹틔우고 있었다

몽골의 아침 해

징기스칸이 말을 타고 휩쓸던 넓은 초원
천년 역사의 피비린내 나던 광야
하늘을 향한 겔이 관광객을 기다리고 있었다

어진 야크와 양들이 풀을 뜯고
말을 타고 달리던 목동들
민들레와 하얀 별꽃들이 반기니
나는 유목민이 되어 하늘의 별을 보고 있었다

겔에서 하룻밤 자던 그날
이른 새벽 사뿐히 바위 끝으로 올랐다

첩첩 금강보석 기이한 형상들
형형 자태 위에 앉아 신선이 되었다
언제 해가 떠오르나 가슴 벅찬 시간
붉은 다이아몬드가 바위를 뚫고 올라
내 몸은 황금 보석에 빠져 버렸다
비취색 보석이 온 대지를 감싸며
생명들에게 자양분을 흠뻑 안겨주시던
신비의 몽골 대지의 새아침
광활한 초원 천년의 생명을 보았다

바다 위의 세레나데
– 코스타 세레나 호

밤마다 나풀대는 감미로운 나신들
황홀경에 흠뻑 무지개 속으로 젖어들고
불나비 날갯짓 나풀나풀 춤을 춘다

궁전 무대 파티장
젊음을 보상이라도 받으려는 순간인가
야릇한 유연함 무아지경 속으로천년
바다 위의 주인은 넋을 잃었다

네온사인 불빛 내 혼을 끌어당기고
나비들 쌍쌍 돌고 도는 환상의 무대
사뿐사뿐 요염한 몸짓
뭇사람들 혼을 다 앗아가버린
오색물결에 취한 쌍쌍 불나비들

거대한 섬 위인가
거대한 아파트 같기도 한
십일만 톤에 290미터의 길이, 폭 30미터의 거구
오천 명 승선
꿈속에 상상만 하던 크루즈 세레나호
사람들은 인산인해로 흥겨움에 취하던 시간

고흐를 만나다

한 평 남짓한 다락방에 작은 침대
아기 밥상만 한 책상 하나
설 수도 없는 공간에서 그림을 그렸다
평생 팔백 장 그림 중
한 점밖에 팔지 못한 고흐
친구 고갱의 핀잔을 들으며
불안과 질병에 휩싸여
온 우주가 흔들리던 고흐
작은 마을 골목 교회와 들판엔
농부들의 휴식이 물결처럼 흔들리고
피골이 상접한 몰골 겹겹이 쌓인 고달픈 일상
창녀를 사랑한 영혼 끝내 견디지 못해
귀를 잘라 창녀에게 보냈다는 고흐
세상 그 누구 하나 거들떠보지 않았던 천재가
지금 21세기의 관광객을 맞이하고 있다
인사를 나눈다
우린 서로 고독한 인간임을
이미 가버린 그날을 상상하며
고백하면서 이 세상 사는 것 당신처럼 어지러워
한쪽 귀마저도 귀찮아 막고 싶다고 한다

모네의 정원

지베르니 정원 수만 평 넓은 대지
갖가지 나무들과 꽃들이 손님을 반긴다
넓은 연못에 핀 수련이
모네를 대신하여 반갑게 맞아준다
개울에는 맑은 옥수가 흘러내리고
지천으로 핀 꽃과 열매들이 천국을 이루고 있다
아내 카유미와 사랑을 주고받던 작은 방
양산을 쓴 여인이 눈길을 끈다
인상파 개척자 자연의 빛과 색채를 중시했던
천국의 삶이 여기에 있는 듯
고흐가 눈물이라면 모네는 웃음이다
고흐가 한이라면 모네는 행복이다
끝과 끝이 나란히 놓여있다

백설의 나라 북해도

가도 가도 끝없는 하얀 백설의 나라
쭉쭉 뻗은 나무들은 하얀 모자를 쓰고 기세등등
관광객을 안내하고 있었다
눈 더미 속에 삼각형 집들이
손을 흔들며 인사를 한다
깨끗한 도로변에 자동차가 한 대씩 지나가고
에스키모 나라에 왔는지 착각 속에 빠졌다
굽이굽이 산능선을 이어 크고 작은 나무들이
하얀 버섯 모자를 쓴 군 장병들이
질서 정연히 사열하는 모습이었다
한 치 어긋남 없이 손을 잡고 자리를 지키는
나무들은 나라의 기상을 자랑하고 있었다
명치유신 때 강제 추방당한 원주민들의 터전이라며
흑인들과 함께 살아온 이들을
'아이누 족'이라고 불렀단다
어쩌다 햇살이 비칠 때 눈이 녹아내리니 이발소에서
갓 나온 청년 같은 나무들이 우리를 반기고 있었다
일 년에 6개월 눈이 오는 북해도
6월이면 눈이 녹고 농사를 짓는다는데
일본 70% 농작물이 이곳에서 나온다고 한다

태산 같은 눈 더미가 쌓인 곳에서
먹거리들이 탄생한다니
극과 극의 요술 나라 북해도에서

오르세 미술관

퐁피두 예술문화센터는 조르주 퐁피두 대통령이
파리의 문화예술 진흥을 위해 세운 곳이라고 한다
오르세 미술관은
철골 구조의 대규모 종합 문화예술센터다
세계의 거장들이 함께 모인 이곳
16세기 39년 동안 기차역으로 사용한 곳이며
미술학교를 대표한 곳
지옥문, 로댕, 발자크 등 수많은 거장의 발자취가
전시되어 있다

프랑스를 대표하는 나폴레옹 동상은
부하가 누워서 밑을 받치고
그 밑에 독수리가 죽어 있었다
두 팔을 펼쳐 서 있는 나폴레옹은
죽은 것이 아니고 영원히 살아 있는 모습으로
그 기세가 꺼지지 않는 불꽃이 되어
활활 타오르고 있었다

세계를 대표하는 갸르프의 작품,
4대 대륙의 여인들이 거대한 지구를 들고 있다

유럽 아프리카 아세아 아메리카, 각 얼굴 형체를
대륙의 상징으로 여성을 '횃불'로 생각한 갸르프는
농업을 중요시했으며
나폴레옹 3세는 스승이 조각가이며
그 스승이 서민이었기 때문이라고 한다
아프리카 여인은 발에 쇠사슬로 걸쳐졌고
유럽의 백인 여인은 귀족 같은 모습이
국가를 대표하여 우주를 나타내고 있었다

프랑스를 대표하는 조각가는
오페라 건물을 백분의 일로 축소시켜
이곳 오르세 미술관에 소장하고 있다
밀레의 만종, 고흐, 모네, 고갱 등
나폴레옹은 살아생전 개선문을 세웠다
네 개 기둥을 세워
오른쪽은 당시 왕을 왼쪽은 나폴레옹의 동상이다
나폴레옹은 밑에 꽃다발이 있고
그 밑에 불꽃이 타오른다

오르세 미술관을 나오면

양쪽 나무가 군 장병처럼 서 있는 곳에
개선문이 있고
오페라 광장까지 일직선으로 도로를 연결
양쪽 가에 늘어서 있다
개선문이 생긴 후부터 이곳이 헌화 장소이며
나폴레옹 거리로 자리 잡고 있었다
개선문 뒤에는
전쟁 때 조국을 위해 희생한 무명용사를 기리기 위한
묘지들이 고이 잠들고 있었다
세계적인 문화 예술이 살아서 숨 쉬는 곳
수백 년 역사 속에 웅장한 성당들
유유히 흐르는 세느강 물 사이로
작은 유람선이 관광객을 태운다
꿈과 낭만이 흐르는 예술의 나라
수백 년 된 나무들이 빽빽이 숲을 이루고 있었다

톤레삽 호수 사람들

베트남 메콩강 줄기의 호수
공산 베트남에 의해 패망 당시
조각배를 타고 온 피난민들의 삶터다
캄보디아 땅 위에 살 수 없었던 사람들은
물 위에 집을 짓고 마을을 이루며 살고 있었다
물 위에 둥둥 떠서 바람 따라 물결 따라
서로 얽혀 의지하며 살아가는 사람들
태풍과 비바람의 위협으로
목숨을 강에 맡기고 사는 사람들이다
고마운 강 죽음에서 삶의 터전을 주신 강
강에서 고기를 잡아 주식으로 삼고
강물을 먹고 강에서 배설을 하고
그렇게라도 생명을 부지한 사람들
배처럼 만든 판잣집 같은 곳을 학교 교실이라고 했다
약 30명 아이들이 책을 읽고 공부를 하고 있었다
나는 즉석에서 동료들에게 얼마씩 걷어
약 2십만 원 보시를 하고
그 아이들에게 작은 도움이라도 될까
지난날 우리가 겪은 6.25를 생각하였다
초등학생 같은 애기 엄마가 작은 배를 저어

구걸을 하고 있었다
물에서 헤엄을 치고 뱀을 손에 쥐고 노는 아이들이
어떻게 자라서 어디를 갈까
닭장 같은 집들이 물결 따라 흔들리고 있었다

그날의 사진 한 장

몽골 만취르공원은
세계적인 문화유산으로 등재된 공원이다
입구에는 제주도 돌하르방을 보는 듯
돌들은 갖가지 색깔로 천 조각에 쌓여
우리나라 2월 할멈네 바람 같은 주술로 보였다
잡기를 물리치는 천 조각에
각자의 소원이 담겨 있을 것이다
천손 만손 소원이 바람에 나부끼고 있었다

오백 명의 승려와 만 명의 주민이 살았다는 이곳
소련의 삼백 년 탄압으로 폐허가 되었다고 한다
수많은 사람들을 살상한 피비린내 나는 살상 현장은
벽만 띄엄띄엄 그 흔적을 남기고 있었다
죄 없는 사람들을 끔찍하게 살상한 러시아가
지금도 우크라이나를 마구 짓밟고 있다
어느 날 죄 없이 쓰러져간 자들의
피비린내 나는 현장이 눈앞에 펼쳐지며
어디선가 비명 소리가 들려오는 듯했다

높이 치솟은 기암괴석 위로 구름이 흘러가는 아래

작은 집이 납작 엎드려 패망 전 현장을
재연하고 있었다
당시의 궁전 같은 사원과 큰스님의 영정만
초라하게 놓여 있었다
문을 열고 나오니
일곱 살 정도 사내아이가 앉아 있었다
손자 같은 혈육의 정에 사진을 찍고
얼마의 지폐를 손에 쥐어주며 돌아오니
내 살붙이를 두고 오는 듯 자꾸만 고개가 돌아갔다

하롱베이

파란 물감을 풀어놓은 바다에
누가 저 많은 산을 잉태해 놓았을까
엄마의 젖무덤 같은 봉우리들이 일천팔백 개나
놓여있는 곳 쌍둥이 낙타들이
예쁜 등을 자랑하고 있었다
놀이 게임 마당을 돌듯 이쪽저쪽 같은 무리들이
첩첩 질서 정연히 펼쳐진 살아서 숨 쉬는 생명이었다

몇 천 년의 역사 속에 묵묵히 파도와 함께
긴 역사를 간직한 거대하고 신비한 자연 앞에
저절로 숙연해지는 시간이었다
화산이 폭파한 동굴은 하늘 구름이 내려와
용과 결혼을 했다는 형상이 결혼하는 장면과 함께
축하객들이 그대로 재연하고 있었다
기이한 형상들이 눈을 유혹하니
수녀바위 스님바위 코끼리바위는
저절로 감탄사가 터져나왔다
어느 조각가가 신비의 작품을 제작해 놓았을까
하늘의 정기를 신령의 기운을 받은
하얀 석회석 모형이 경이롭기까지 하였다

세계의 눈들을 감동 도가니로
감탄사와 함성이 저절로 터져나왔다

뚜얼슬링 해골 박물관

죄 없는 국민을 학살하여 그 해골을 보관한 곳이다
캄보디아 정부가 오랜 식민지로
나라를 잃고 살았던 당시
1970년 금속, 봉제, 스포츠 등
다양한 동남아 중소기업이 들어왔다
나라가 서고 대통령이 열성을 다할 무렵
시아누크 왕국은 공산당의 지배를 걱정하여
쿠데타를 일으켰다
대통령이 러시아 방문을 간 사이 쿠데타를 일으켜
2백 5십만 명의 대학살을 자행하였다
어느 날 갑자기
무고한 사람들을 끌고 가 줄을 세워놓고
총살을 자행하던 악마의 집단들
아이도 어른도 총을 쏘아 마구 학살하는 장면은
차마 눈뜨고 볼 수 없는 끔찍한 장면이었다

겁에 질린 눈들이 손을 들고 사형장으로
끌려가는 장면들
아우성으로 울부짖는 사진들이
그날을 재연하고 있었다

1975년 시체들을 파헤쳐 박물관으로 전시를 해놓았다
해골이 썩지 않게 니스로 칠하여 차례로 쌓아놓은
해골을 보던 순간 온몸에서 전율이 흘렀다

위정자들의 야욕 속에 어진 국민들이 어떻게 될지
사리사욕에 혈안 된 우리의 현 정치가 문득 떠올랐다
내일을 알 수 없는 끔찍한 생각들이 머리에 스쳐왔다
절 터 박물관 나무들의 잎새가 흩날리고
어디선가 비명의 괴성과 아이들의 울부짖는 소리가
들려오는 듯하였다

김윤선 시집 『깊은 강』 해설

깊은 강을 건너는 법

박정선 _ 문학평론가

김윤선 시집 『깊은 강』 해설

깊은 강을 건너는 법

박정선
문학평론가

1. 추억은 상처가 남긴 흔적이다

어머니 품에서 멋모르고 태어난 운명
가는 길은 험난한 가시밭뿐이었다
                    -「몸에게 용서를」 중에서

에밀 시오랑은 "만약 세상에 삼고가 존재하지 않았다면 석가여래는 세상에 나타나지 않았을 것"(『태어났음의 불편함』)이라고 했다. 석가여래는 인간의 세 가지 고통을 태어남, 늙고 병듦, 죽음으로 나누고 그 근본을 태어남에 둔 것으로 전해지고 있다. 태어남은 축복인데 왜 그럴까….

지금도 어디선가 사람이 태어나고 있다. 그리고 부모와 가족들이 탄생을 기뻐할 것이다. 우리는 누구나 태어남을 최고의 가치를 실현한 선으로 받아들이면서 기뻐한다. 어떤 피치 못 할 사유를 제외하고는 탄생 앞에 한숨을 쉬는 사람은 없다. 그런데 살다 보면 어떤 고난 앞에 태어났음을 한탄하기도 한다. 그래서 석가여래는 태어남을 삼고의 맨 첫머리에 두었는지도 모른다. 태어남은 고통의 시작이기 때문이다. 태어남은 내가 선택한 것이 아닌데도 스스로 자신을 책임져야 하는 의무가 발생하게 된다. 의무를 이행하는 과정에서 고난의 산을 넘기도 하고, 고난의 강을 건너기도 한다. 그러는 과정에 더러는 좌절하거나 절망하기도 하고 태어남을 한탄하기도 하는 것이다.

 사람은 태어나 단 한 번만 살 수 있는 원게임One Game의 시간을 살아야 하고, 누구에게나 똑같이 하루 24시간이 주어진다. 그래서 삶은 고귀한 것이다. 인간에게는 고귀한 삶을 낭비함 없이 고귀하게 살아야 할 의무가 있다. 그런데 시간은 야박할 정도로 말이 없다. 어떤 귀띔이나 조언이나 충고도 없이 앞만 보며 제 갈 길만 갈 뿐이다. 그야말로 시간은 누구누구의 형편을 전혀 고려하지 않은 채 아주 냉정하게 달아나 버린 것이다. 인간에게 주어진 단 한 번만의 게임에서 인간은 끊임없이 어떻게 하면 '가장 인간답게, 살 수 있는가.'에 대하여 고뇌한다. 그것 때문에 인간은 어제보다 오늘이, 오늘보다 내일이 더 나은 세계를 만들어가고 있다. 사람이 '잘 산다'는 것에는 가시적이고 물질적인 형이하학적 측면과 정신적인 차원인 형이상학적인 두 가지 측면이 있다. 어느 것이 더 중요하고 덜 중요하다고는 말할 수 없다. 기찻길의 두 개 레일처럼 이 두 가지가 평행하게 조화를 이루어야 이상적인 삶을 성취할 수 있기 때문이다.

　김윤선 시인의 시집『깊은 강』을 읽으면서 이런 생각을 하게 된 것은 그의 작품에 태어남과 인간의 총체적인 삶이 드러나 있기 때문이다. 문학은 당연히 체험이 바탕을 이루는바, 그는 자신을 시적 대상으로 취하여 살아온 일대기를 보여준다. 표제 '깊은 강'은 김윤선 시인을 상징하며 시집『깊은 강』에는 삶의 거센 물결이 도도滔滔하게 흐르고 있다. 한 인생의 고난과 눈물이 흐르고, 성취와 기쁨이 흐른다. "초등학교를 겨우 마친 소녀가/ 국제시장 장돌뱅이가 되었다/ 내 또래 주인집 딸이 교복을 입고 학교에 갈 때/ 속울음을 울었다"(「국제시장에서 한국어 강사까지」)는 고백에서 알 수 있듯이 초등학교를 졸업하고 생활전선에 뛰어들어 가난한 가정을 돌봐야 했던 삶, 남다른 삶을 살아온 시인에게 지난날은 가난의 아픔이면서 자아에 대한 연민의 추억이다.

　그의 이력을 보면, 창원 진전에서 태어난 시인은 초등학교를 졸업하고 부산의 최고 상권이라고 할 수 있는 '국제시장'으로 진출한다. 어린 나이에 소위 장사꾼이 된 것이다. 일명 소녀 가장이 된 것이다. 결혼하고도 그는 가정의 경제를 맡아야 할 처지에 놓인다. "결혼하여 상상의 나래를 펼쳐보고 싶었으나 내 꿈은 산산조각이 나고 더 힘든 삶이 앞을 가로막고 있었다. 아들 넷을 낳고 국제시장에서 서울 남대문, 동대문, 평화시장까지 백 집도 넘는 거래처들과 거래를 하면서 쉼 없이 살아왔다"고 수필 「소확행」에서 밝히고 있다. 그런 환경에서 배움에 대한 집념(恨)을 버리지 않았고 결국 대학원까지 마치고, 이제는 남을 가르치는 위치에 서게 되었다. 뿐만 아니라 문인이 되어 한국 문단에 이름을 올렸다. 이것은 "살아가는 이유를 아는 사람은 고난을 견딜 줄 안다."고 한 니체의 말과 잘 맞아떨어진다.

그가 살아온 삶은 곧 문학의 자산이 되었고, 산문에 가까울 정도로 실존에 경사되어 있는 그의 시는 허구가 단 한 줄도 섞이지 않는 순수한 실존이다. (시도 체험에 상상력을 가미한 일종의 허구이다.) 그러니까 김 시인은 개인적인 체험을 객관화하지 않고 바로 통과하는 직설법을 택했다. 마치 화살이 과녁을 향해 날아가듯 그의 시법은 비유를 거부한 채 일사천리로 직진한 것이다. 사실 시 창작에 있어서 각종 비유는 시를 감동적으로 독자에게 전달하는 역할을 한다. 현대 시는 더욱이 이미지 그 자체라고 규정짓기도 한다. 그러나 김윤선 시인의 작품은 비유를 배제하고도 감동이 넘친다. 독자에게 눈물을 솟구치게 할 정도로 삶 자체가 감동인 탓이다.

2. 사막을 횡단하는 낙타처럼

인간에게 희망이란 무엇일까, 희망은 정녕 삶의 동력이며 반드시 성취되는 것일까, 뜨거운 사막을 가야 하는 낙타는 먼 길을 떠날 때 주인이 눈앞에 마른 풀 뭉치를 매단다고 한다. 힘겨운 사막을 걷는 낙타에게 풀을 먹을 수 있다는 희망을 주기 위해서다. 그리고 낙타는 여행을 마치면 틀림없이 풀을 먹을 수 있으므로 희망을 성취하게 된다. 그러나 사람은 사정이 다르다. 인간의 삶은 희망이 이끌어 가기보다는 현실에 이끌려 간다고 해야 더 적절한 표현이 될 것이다.

  그 엄정한 현실 앞에 김윤선 시인은 단 한 번만 주어진 원게임의 인생은 단 한순간도 불필요한 일에 시간을 낭비할 여유가 없이 살아야 했다. 그는 "돌 같은 수레가 어깨를 짓누르던 날들"(「몸에게 용서를」)이라고 고백하듯이 온몸으로 바윗돌 같은 삶의 무게를 이끌고 뜨거운 사막을 걸어야 했다. 그가 넘어야 할 산은 악산이었고, 그가 건너야 했던 강은 몹시도 깊었다. 삶의 무게에 짓눌린 몸은 낡고 부서지고 헐게 마련이다. 시인은 뒤늦게라도 삶의 무게에 혹사당한 몸에게 용서를 빌지 않을 수가 없다.

    뜨겁게 내리쬐던 햇살을 받아먹고
    두 팔을 힘차게 기량을 펼치던 날
    나무들이 어느새 찬 바람 맞을 준비를 하고 있다
    바람결에 떨어지는 낙엽을 보며
    또 한 해가 저물어 가고

    <u>어머니 품에서 멋모르고 태어난 운명</u>
    가는 길은 험난한 가시밭뿐이었다

산을 넘고 강을 건너 거친 물결 헤쳐 온 길
풋풋한 오월에는
회갑이 올 때를 손꼽아 기다리며
늙어도 늙었다고 말하지 않으리라
세월아 어서가자
돌 같은 수레가 어깨를 짓누르던 날들
살아야 했기에 삼천 배를 밥 먹듯이 하였다
한 걸음도 벗어나면 죽는 줄만 알았지
무서리 받아먹고 어둠을 헤치던 몸
헌옷처럼 뼈가 닳고 모서리가 낡아 버렸다
빨간 신호등이 엄하게 벌을 내리고
얽히고설킨 혈육들 벗어날 수 없었던 날
다 낡은 자동차가 빨강불이 왔다
녹슬고 허물어진 부속들 이제 그만 하라고 한다

어쩌랴 아픔도 미움도 분노도 용서로
아름다운 세상 소풍 와서 놀다가
노을 지는 해를 따라가야 할까 보다
몸아 미안하다 애원을 해 본다

― 「몸에게 용서를」 전문
(밑줄 인용자 강조, 이하 동일)

(…)
이 몸 천상에 다시 태어난다 해도
그날로 다시 돌아가지 않으리
젊음도 아픔도 기억조차 싫은 날들

― 「다시 돌아가지 않으리」 중에서

앞에서 미리 보았거니와 시인을 대리하는 화자는 "어머니 품에서 멋모르고 태어난 운명"이라고 독백한다. 모두에서 언급한 대로 인간(모든 생명)이 태어나는 것은 자신의 의지가 아니다. 그러나 어떤 누구도 태어난 것에 대하여 항의하지 않는다. 그것은 신의 영역에 속한 신의 섭리이기 때문이다. 시인의 독백대로 바꾸어 말하면 운명이기 때문이다. '운명'이라는 말은 스스로 어쩔 수 없는 한계에 다다른 고난을 함의한다. 한편 현실에 순응하게 하는, 체념하게 만드는 약이기도 하다. "가는 길은 험난한 가시밭뿐이었다/ 산을 넘고 강을 건너 거친 물결 헤쳐 온 길"이었다는 고백을 통해 우리는 시인이 짊어져야 했던 고난을 충분히 짐작하고도 남는다. 현실이 너무 고통스러워 시인은 시간을 재촉한다. "풋풋한 오월" 같은 청춘 시절에 어서 "회갑이 올 때를 손꼽아 기다리며/ 늙어도 늙었다고 말하지 않을" 것이라는 다짐은 매몰찬 현실로부터 멀어지고 싶은 간절한 소망이다. 시인은 주어진 삶을 견디기 위해 신앙에 의존한다. "살아야 했기에 삼천 배를 밥 먹듯이 하면서" 그 삶에서 "한 걸음만 벗어나면 죽는 줄 알았다"는 고백은 처절할 정도로 절박한 현실을 말해준다.

이제는 정말 늙어버린 몸을 발견한다. "무서리 받아먹고 어둠을 헤치던 몸"은 마치 "헌 옷처럼 뼈가 닳고 모서리가 낡아 버렸다"는 것을 발견한 것이다. 그러나 그날이 너무 아파 시인은 "이 몸 천상에 다시 태어난다 해도/ 그날로 다시 돌아가지 않으리/ 젊음도 아픔도 기억조차 하기 싫은 날들/ 그 무엇을 준다 해도 다시 가지 않으리"(『다시는 돌아가지 않으리』)라고 다짐한다.

  프랑스 상징주의 시인 발레리는 남다른 체험이 있는 사람, 그래서 하고 싶은 말이 많은 사람이 문학을 하게 된다고 했는데, 맞는 말이다. 체험이 남다를 경우 그것은 기억의 세계를 지배하게 되고 그것은 물이 한정된 공간을 채우고 나면 흘러넘치듯, 속에서만 침잠할 수가 없기 때문이다. 기억이 감당할 수 없는 것들이 스스로 밀려 나온 탓이다. 김윤선 시인의 경우도 마찬가지다. 그가 문학을 선택한 것이 아니라 그의 남다른 체험이 그를 문학으로 이끌어간 것이다. 이것은 문학이 갖는 카타르시스 작용 때문이다.

  카타르시스는 본래 '씻어내다. 정화하다.'라는 뜻으로 그리스어에서 출발한 말이다. 고대 그리스에서는 공동체에 재앙이 있을 경우 동물이나 사람(죄인을 바쳤음)을 희생 제물로 바쳐야 풀 수 있다고 믿었다. 가톨릭교회에서 신자가 신부님 앞에 고해성사를 하는 것도 카타르시스이다. 정작 카타르시스가 문학적 용어로 자리를 잡게 된 것은 아리스토텔레스가 『시학』의 핵심부라고 부르는 6장에서 "연민과 두려움을 통하여 비극은 카타르시스를 가져온다."고 언급하면서부터이다. 이 말은 비극을 관람하는 관객은 비극의 주인공에게 동화되어 눈물을 흘리는 것을 말한다. 따라서 심리적인 정화 작용으로 알려진 이 말은 문학이 독자에게 주는 직접적인 영향을 설명하는 개념으로 더없이 가장 유효적절한 것으로 인식되었고, 역사적으로 많은 해석을 낳았다.
 그 가운데 두 가지로 요약되는 것이 효용론과 표현론이다. 주지하다시피 효용론은 작품이 독자에게 미치는 영향을 가리키는 것이라면 표현론은 창작자에게 해당되는 말이다. 즉 독자는 작품을 읽음으로 카타르시스라는 효용을 얻게 되고, 창작자는 자신의 감정을 예술로 표현하는 과정에서 카타르시스를 얻게 되는 것이다. 이 말은 창작자가 작품을 쓰면서 아픔과 상처를 치유 받게 되는 것을 말한다. 그러므로 김윤선 시인이 시를 쓰는 것은 자가 치유의 방법이라고 할 수 있다.

3. 머리에는 삶을 이고 가슴엔 뜨거운 이상을 품고

 가슴속 깊이 숨어 있는 상처를 다스리는 일은 다시 상처를 불러내야 한다. 음지에 숨어 있는 상처를 양지로 불러내어 독자와 공유해야 비로소 상처가 치유되기 때문이다. 공감, 공유, 동화, 그리고 카타르시스가 일어나는 과정이 곧 자가 치유이다. 어머니는 누구에게나 있게 마련이고 어머니에 대한 아픔과 그리움은 누구나 공감하게 되고, 동화되는 이름이다. 어머니는 사랑, 희생, 눈물, 고통, 인내, 희망 등에 대한 상징어인 탓이다.

 둥근 보름달을 따라 엄마가 가고 있다
 끝없는 허공 어딘가로

머리에 광주리를 이고 총총히 가고 있다
무슨 장식이라도 되듯이 엄마 머리에는 눈만 뜨면
달덩이 같은 광주리가 이어져 있었다
무거운 광주리에는
계란, 떡, 국수, 비누 등 온갖 박물이 담기고
고난의 수행자처럼
이 마을 저 마을 고개 넘어 수십 리를 걸었다
고문하듯 내리쬐는 한여름 뙤약볕을 받으며
한겨울 눈보라 온몸으로 휘감으며
흰 고무신 숭숭 구멍이 나도록 걷고 또 걷고
밤마다 엄마 정수리와 발바닥이 활활 불꽃을 피웠다
불인두 담금질 고문에 살이 타듯
아야, 아야, 밤새도록 새어 나온 앓는 소리
깊은 강물처럼 몰래 앓는 소리
나를 흉내 내듯, 귀뚜라미 목이 쉬도록 우는 밤
둥근 보름달을 따라 엄마가 가고 있다
이 마을 저 마을 고개를 넘듯
이 구름 저 구름을 지나 오늘 밤에도
깊은 강을 건너가고 있다

－「깊은 강」 전문

 김 시인의 작품 가운데 가장 수작으로 꼽히는「깊은 강」은 잊을 수 없는 어머니의 모습이다. 끝없는 허공에 둥실 떠오른 달은 인간의 폐부에서 그리움을 분출하게 만든다. "둥근 보름달을 따라 엄마가 가고 있다"에서 보여주듯이 허공에 휘영청 밝은 달은 엄마를 은유한다. 달이 끝없는 허공을 가듯 엄마는 "무슨 장식이라도 되는 듯이 머리에 계란, 떡, 국수, 비누" 등을 이고 마을마다 찾아다니며 행상을 했기 때문이다. "흰 고무신 숭숭 구멍이 나도록 걷고 또 걷고, 정수리와 발바닥이 활활 불꽃처럼 타올라" 밤마다 "아야, 아야, 밤새도록 새어 나온 신음 소리"를 내며 앓았던 어머니는 고생만 하다 돌아가셨고 시인은 보름달이 밝을수록 슬픔이 짙어진 것이다. 어머니의 핍진한 삶은 시인의 가슴속에 뜨거운 불에 지진 화인으로 남아있는 탓이다. 달 뜨는 밤이면 끝없는 허공을 홀로 횡단하는 달 같은 어머니는 곧 나와 동일시를 이룬 것이다. 그의 귀에는 아직도 어머니의 앓는 소리가 들려오고 이런저런 물건이 담긴 광주리는 둥근 달로 치환된다. 어머니에 대한 아픔은 「밭매는 엄마」에서도 그려진다.

> 뙤약볕 아래 밭매는 엄마
> 힘겨운 세월의 이랑을 타며
> 삶을 일구신 엄마
> 홍시처럼 붉게 익은 얼굴은 피[血]였다
> (…)
> 가도 가도 끝없는 바다처럼
> 막막한 삶의 지평선을
> 엄마는 쉼 없이 밭을 매고 또 맸다
> 그 끝에 초가을 대추처럼 열린
> 초롱초롱한 자식들의 눈망울
> 　　　　　　　　－「밭매는 엄마」중에서

「밭매는 엄마」는 대충 읽어서는 평범한 작품일 수 있다. 뙤약볕 아래 밭매는 엄마에 대한 추억은 얼마든지 있기 때문이다. 그러나 "힘겨운 세월의 이랑을 타며"라든지 "홍시처럼 붉게 익은 얼굴은 피였다"라는 진술은 흔한 추억일 수가 없다. "가도 가도 끝없는 바다처럼/ 막막한 삶의 지평선을/ 엄마는 쉼 없이 밭을 매고 또 맸다"는 엄마의 힘든 삶 때문이다. 이 작품은 시인의 어머니를 뛰어넘어 어머니만이 가지고 있는 모성을 말해주고 있다. 그 강인한 힘의 원천은 "초가을 대추처럼 열린/ 초롱초롱한 자식들의 눈망울"에 있다. 그러므로 어머니는 강이 아무리 깊어도 건널 수가 있다. 강을 건너는 어머니는 함부로 바람을 타지 않으며 바람에 함부로 흔들리지도 않는다. 어머니에 대한 아픈 추억은 곧 어머니에 대한 그리움이다.

김 시인은 어머니뿐만 아니라 오빠와 동생에 대한 추억도 가슴속 깊이 아프게 각인되어 있는 것을 발견할 수 있다. "언니야, 예쁘지, 귓가에 맴도는 막내아우 목소리/ 엊그제 하늘나라로 간 내 아우 주야"(「간장을 담그며」)는 간장을 담그며 고인이 된 동생을 그리워하는 심정을 보여주고 있다. 간장을 담그며 동생을 그리워하는 것은 딸 같은 장애인 동생이 보내준 메주 때문이기도 하지만 어려서 어려움을 함께하며 자랐던 추억 때문으로 유추할 수 있다. 오빠는 "새벽이면 키만큼 높이 쌓은 우유병 소리/ 곡예하듯 골목골목 배달하던 작은 오빠"라는 진술에서 알 수 있듯이 힘든 일을 하며 살았다. 오빠는 우유를 배달하면서 힘겹게 살면서도 "눈을 감으나 뜨나 책을 베개 삼고 시집을 팔짱에 끼고" 다녔던 학구파였다. 그러면서 오빠는 김 시인에게 "선아! 틈만 있으면 책과 싸우라"고 당부했다는 고백은 김 시인이 오늘날 문인이 되는 원인임을 알 수 있게 하는 부분이다.

> (…)
> 이 세상에서 가장 고귀한 내 동생이라고
> <u>선아! 틈만 있으면 책과 싸우라던 오빠</u>의 편지
> 누나처럼 동생처럼 눈동자 마주할 때
> 오늘도 먼 하늘 어느 곳에서
> 고달팠던 세상을 내려 보고 있을까
> (…)
> 오늘도 타르르 털거덕 오빠 자전거 구르는 소리
> 내 귀에 아직도 눈물처럼 들려오는 삶의 소리
> — 「우유 배달 작은오빠」 중에서

그러나 아픈 기억 가운데 가장 아픈 상처는 역시 자식이다. 「우리 엄마다」, 「엄마, 물에 빠졌어요」, 「아들 팔뼈가 부러지고」 등에는 어린 자식들이 엄마의 부재로 인해 겪어야 했던 아픔을 보여준다. 어린아이들에게는 정서적으로나 현실적으로 엄마가 전부이다. 그리고 엄마는 어린아이들의 정서와 생명을 보호해주어야 하는 절대적인 존재이다. 정서적으로 아빠가 없는 아이와 엄마가 없는 아이는 엄청난 차이를 보인다는 연

구 결과가 있는데, 아빠가 없는 아이는 밝게 자랄 수 있으나, 엄마가 없는 아이는 우울한 정서를 갖는다는 것이다. 비록 엄마가 있더라도 바쁜 형편 탓에 가까이 돌볼 수 없을 때, 눈에서 멀어질 때, 아이들은 엄마의 부재를 느끼게 마련이다. 네 명의 아이가 딸린 김 시인은 사업을 하는 탓에 이른 아침 집을 나서면 늦은 밤에야 귀가할 수 있을 것으로 추정된다. 그리고 종종 부산에서 서울을 기차로 오르내린다. "눈을 감아도 잠들지 않는 눈/ 어깨 짊어진 수레 생각에/ 천근 무게로 살아야 하는 밤차"(「삶의 밤열차」)에서 보여주듯이 기차를 타고 서울로 물건을 떼러 다녀야 하고, 엄마의 손길이 가까이 미치지 못한 아이들은 엄마에 대한 목마름에 시달리게 마련이다.

> 둘째 아들 일학년 때
> 휴일 날 골목에서 엄마 부르며 달려오던 아들
> <u>친구들아 이리와 우리 엄마다</u>
> 친구들에게 우리 엄마라고 소개하던 아들
> 나도 엄마가 있다고 자랑을 하고 싶었던 아이
>
> 엄마가 해 주는 밥 먹고 간식을 먹고
> 응석도 부리며 놀고 있던 친구들이 부러워
> 어린이집을 다녀와도 학교를 다녀와도
> 눈만 뜨면 장사를 가야 했던 엄마
> 늘 텅 빈 집 (…)
> 배가 고픈 것보다 엄마가 고파서

휴일이면 엄마가 있어 기가 살아나던 아이들
지금도 그날들이 아릿하게 아파온다
- 「우리 엄마다」 중에서

「우리 엄마다」는 엄마의 부재를 겪는 아이의 정서를 잘 보여준 작품이다. "친구들아, 이리와 우리 엄마다"라고 소리치며 엄마를 친구들에게 자랑하는 아이의 심정은 눈물을 솟구치게 한다. 엄마는 오랜만에 쉬는 날 아이 곁에 있게 된다. 그리고 아이는 골목 친구들에게 나에게도 엄마가 있다는 것을 보여준 것이다. 아이는 엄마가 장사를 쉬는 날이면 기가 살아나는 것이다. 이 작품은 「깊은 강」에서 시인이 어린 시절에 엄마가 행상을 하러 다니던 것과 시인도 역시 장사를 하느라 아이들과 늘 떨어져 있는 형편이 일치한다. 「아들 팔뼈가 부러지고」 역시 엄마의 부재에 대한 아이의 정서를 보여주는 작품이다. 「엄마, 물에 빠졌어요」는 엄마의 부재로 위험에 처한 아이에 대한 가슴 아픈 기억이다. "일학년 큰아들이 오후 5시 무렵 생쥐가 되어/ '엄마, 물에 빠졌어요 어떤 아저씨가 건져 주었어요'"라며 엄마에게 울며 말한다. 겨우 초등학교 일학년인 아이가 바닷가에서 놀다 바다에 빠졌고 그 사건은 시인이 잊을 수 없는 가장 아픈 상처가 아닐 수 없다.

갑자기 골목에서 아들의 울음소리
집 앞 철 계단에서 떨어져 팔뼈가 부러졌다
쌍둥이 아들 집에 두고

다섯 살 장군 아들을 업었다
(…)
엑스레이 세 번 찍고 골절된 팔 깁스를 하고
50일간 매일 출근하듯 치료를 받았다

쌍둥이 아들을 업고 계단을 오를 때
아픈 곳은 간곳없고 신이 난 아들
엄마와 손잡고 버스를 탈 때의 기쁨
하루 만에 붕대가 걸레가 되고
(…)
잘 먹고 잘 자고 팔이 부러져 깁스를 해도
아픔은 간곳없고 잘도 놀았다

엄마가 그리워서 함께하고 싶었나 보다
아찔했던 기억 지금도 그날을 잊을 수가 없다

　　　　　　　－「아들 팔뼈가 부러지고」 중에서

(…)
일학년 큰아들이 오후 5시 무렵 생쥐가 되어
"엄마, 물에 빠졌어요 어떤 아저씨가 건져 주었어요"
감천 바닷가 아이들과 놀다 바닷물에 빠진 큰아들
밀물 시간이면 2미터까지 올라오는 물속인데
어떻게 아이를 건졌는지 생각만 해도 아찔한 순간을
어른이 보지 않았다면 어떻게 되었을까
(…)
아들을 건져 준 생명의 은인에게
감사의 인사를 하고 있다

아들 넷을 키우며 국제시장에서 아동복 장사를 할 때
저녁 무렵 비를 맞고 엄마를 부르며
바닷가에서 울고 있더라는 이웃집 아낙의 말
아린 가슴을 짓누르며 집으로 달려오던 엄마
어둠 속에 아이들을 안아 줄 시간조차 허락하지 않던
줄지어 내 손을 기다리는 일들
밤잠도 잘 수 없던 시간
가슴에 천둥소리 같은 아이들의 울음소리

세상을 하직하며 모든 것을 끝내려던 순간
네 아들의 엄마! 귓가에 들려오던 울음소리에
(…)

― 「엄마, 물에 빠졌어요」 중에서

아이가 팔이 부러지는 사고를 당하자 엄마는 아무리 바빠도 아이를 돌보지 않을 수가 없다. 다섯 살짜리 아이는 엄마와 함께 병원을 오가는 시간, 즉 엄마와 함께하는 시간이 많아지자 신이 나 아픔조차 잊어버린다. 마음 놓고 노느라 붕대가 걸레가 될 지경이다. 엄마가 곁에 있다는 것에 아이는 비로소 안심하게 된다. 세상의 모든 것을 가진 것처럼 기쁜 것이다. 아이에게는 그 이상 아무것도 바랄 게 없다.

「엄마, 물에 빠졌어요」는 아이를 돌보지 못한 엄마의 심정을 보여준 작품이다. 만약 어느 아저씨가 구해주지 않았다면 아이는 생명을 잃을 수도 있었기 때문이다. 그런데 마지막 연에서 "세상을 하직하며 모든 것을 끝내려던 순간/ 네 아들의 엄마! 귓가에 들려오던 울음소리에" 엄마는 차마 극단적 행위를 하지 못했음을 유추하게 만든다. 그렇다. 삶이 뼈를 깎는 고통일지라도 자식을 둔 엄마는 자식들로 하여 삶을 이어가게 되는 것이다. 어머니는 자식으로 하여 살아진 탓이다.

4. 잊을 수 없는 소중한 만남, 그것은 빛이었다

뛰는 가슴 설레며 첫 출근 하던 날
남색치마 세라 칼라 하얀 블라우스
단발머리 하얀 운동화 단정한 책가방
아침 출근길에 만나던 내 또래 여중생들
삼삼오오 웃는 천사들 모습에 넋을 잃고 말았다
다시 환생하면 그 여학생이 될 수 있을까
멀어진 시간 속으로 빗물처럼 푸른 눈망울
　　　　　　　-「소녀의 첫 출근 하던 날」전문

(…)
<u>연어처럼 인생을 살아야 한다고</u>
<u>허물어져 가던 영혼에 불을 지펴주신 분</u>
<u>마라톤 선수처럼 천천히 공부하라며</u>
옥구슬 눈빛 속에 내 생의 스승님
감춰둔 한마디 말 못 하고
<u>십 년 후 만나자던 약속</u>
'짧은 만남 긴 이별' 손을 흔들던
바람에 꽃잎처럼 날아가던 미소

애타게 기다리던 그날을 잊으셨나요
대학 합격 때 꽃다발을 안고 꿈속에 오시더니
십 년 약속 이 년을 남겨놓고 꽃 지듯
간다는 말도 없이 가셨나요
오늘 밤도 부칠 수 없는 편지를 씁니다
     - 「하늘에 띄우는 편지」 중에서

「소녀의 첫 출근」에서 보여주듯이 김 시인은 초등학교를 졸업하고 국제시장으로 첫 출근을 할 때 같은 또래 여중생들을 보고 부러움에 눈물을 흘린다. 그리고 그날의 충격은 공부에 대한 꿈을 갖게 되었음을 유추할 수 있다. 꿈이 있는 곳에 길이 있게 마련, 그는 훌륭한 선생님을 만나게 된다. 선생님은 "연어처럼 인생을 살아야 한다고/ 마라톤 선수처럼 천천히 공부하라며"(『하늘에 띄우는 편지』) 가르쳤다. 연어처럼 앞을 향해, 높은 곳을 향해 살라는 당부를 한 것이다. 그리고 선생님은 중도에 포기할까 봐, 마라톤 선수처럼 천천히 공부하라고 당부한다. 그리고 김 시인은 생에 가장 존경하는 스승님으로 영혼 깊숙이 간직하고 있음을 알 수 있다. 작품을 조금 더 분석해보면 선생님은 힘겹게 살아가는 김 시인에게 꿈을 갖게 해주었고 어떤 목표를 두고 살라는 조언을 해주었을 것으로 추측이 된다.

 선생님의 가르침에 용기를 얻은 김 시인은 공부를 하여 대학에 합격한 것으로 보인다. 그러나 선생님은 대학 합격을 하고 졸업 2년을 남겨놓고 그만 돌아가시고 만다. "애타게 기다리던 그날을 잊으셨나요"에서 '기다리던 그날'은 선생님이 김 시인의 대학 졸업을 기다리는 주체가 된다. 그리고 선생님이 김 시인이 대학에 합격했을 때 꽃다발을 안고 꿈속에 현몽한 것은 선생님에게 가장 먼저 대학 합격을 알리고 싶은 간절한 심정을 보여준 것이다. 꿈을 성취했을 때 기쁨을 함께 나눌 수 있는 사람은 나를 가장 잘 이해해주고 진심으로 격려해준 사람이기 때문이다. 김 시인은 세상에 계시지 않는 선생님을 향해 하늘로 띄우는 편지를 쓸 수밖에 없는데 김윤선 시인이 만난 선생님은 다름 아닌 정채봉(1946~2001, 아동문학가) 작가이다. 다음 글을 보자.

> 사십 대 초반 생사의 갈림길에서 살기를 포기할 만큼 길을 잃고 헤맬 때 나를 일으켜 세워주신 故 정채봉 선생님의 가르침에 나는 희망과 용기를 가졌다. 어느 잡지에 투고한 나의 글을 보시고 만나게 된 선생님께서는 틈틈이 독서 하고 공부하면서 꿈과 용기를 잃지 말라고 하셨다. (…) 목표를 세워 마라톤을 하듯 천천히 가라며 좋은 책을 선정해 주셨다. (…) 선생님께서는 어릴 때 부모를 잃고 고아가 되어 객지 생활을 하면서 온갖 어려움을 인내하며 훌륭한 작가로 탄생하셨다.
>
> – 수필, 「밤하늘에 색소폰」 중에서

김 시인이 글을 투고했다는 어느 잡지는 《샘터》이고, 정채봉 작가는 당시 샘터 편집 이사로 있을 때이다. 샘

터에 투고한 글이 선정되어 실리게 되고 정채봉 작가는 김 시인의 글을 보고 감동을 받은 것이다. 김 시인의 전언에 의하면 정채봉 작가는 김 시인에게 지금부터 공부하여 10년 후에 만나자고 약속했고 김 시인은 그때부터 중학교 과정부터 공부하여 고등학교 과정 검정고시를 패스하고 대학에 합격하기까지 정말 10년이 걸렸다. 정채봉 작가가 당부한 대로 중간에 포기하지 않고 공부하여 대학 합격이라는 고지에 도달한 것이다. 그런데 길을 안내해준 선생님은 안타깝게도 김 시인의 열매를 보지 못한 채 돌아가시고 만 것이다.

 그 후 대학을 졸업하고 대학원 석사까지 마친 김윤선 시인은 예전의 자신과 같은 처지에 있는 여성들, 배움의 기회를 놓쳐버린 나이가 많은 학생들을 위해 봉사를 하고 있다. 「칠순 학생의 눈물」, 「레티안과 마후라」, 「강의 노트」, 「국제시장에서 한국어 강사까지」, 「할머니 학생들과 손병도 동장님」, 「이천분교 어린이들의 편지」 등의 제목에서 알 수 있듯이 그는 중장년들과 외국인 여성들에게 한국어를 가르치고 있다. 정채봉 작가가 그랬듯이 김 시인도 그들의 길을 안내해주는 안내자가 된 것이다.

  칠십 회 생일을 맞는 남편에게
  아내가 난생 처음 써 보는 편지란다
  (…)
  열여덟 소녀가 외아들 당신을 만나

아들 딸 여섯을 낳고
고추보다 매운 시어머니의 시집살이와
자식들의 뒷바라지 농사일
내 몸이 있는지 없는지
칡넝쿨로 얽힌 세월 살아 왔어요
이제 까막눈은 기적 같은 편지를 씁니다
어린 것들이 있었기에 모진 목숨 끊지 못하고
오늘에 이르렀다는 할머니 학생의 끝없는 눈물 고백
함께 손을 잡고 아린 가슴 쓸어주며 나도 함께 울었네
- 「칠순 학생의 눈물」 중에서

선생님 하며 불쑥 선물을 내미는 제자가 있었다
크리스마스 선물이요 "선생님 하나 샀어요."
예쁘게 포장된 선물
베트남에서 한국으로 시집온 지 2년이 된 레티안,
20대 아이 엄마가 아이를 업고 학교에 왔다
남편은 공사현장으로 아내는 아이를 업고 학교에 왔다
한국과 한글을 알아야 자식을 키운다는 다부진 생각
내 유년 동생을 업고 학교 가던 생각이 났다
(…)
10년 전 불쑥 내밀던 마후라가
선생님 부르며 레티안의 눈을 마주하고 있다
- 「레티안과 마후라」 중에서

인간이 살아가는 데는 두 가지 조건이 필요하다. 의식주와 글이다. 의식주는 인간이 생존하는 조건이며 글은 생각을 표현하는 수단이다. 실질적으로 글은 사회를 구성하고 사회생활을 하는 데 기본적인 문제이다. 21세기에 한글을 모른다는 것은 이해하기 힘들 정도로 매우 안타까운 일이다. 외국어를 모른 것과 같다. 소통할 수가 없다. 어쩌면 불행한 삶일 수도 있다. 칠십 대 할머니 학생은 깜깜한 세상에서 비로소 한글을 깨우쳐 남편에게 편지를 썼다는 사실은 광명을 얻은 것과 마찬가지이다. 70대 할머니 학생의 "어린 것들이 있었기에 모진 목숨 끊지 못하고/ 오늘에 이르렀다는 할머니 학생의 끝없는 눈물 고백"은 곧 시인의 과거와 다름이 없다. 따라서 시인은 할머니 여학생의 손을 잡고 동병상련의 아픔을 나눈다.

「레티안과 마후라」의 레티안도 김 시인의 학생이다. 레티안은 베트남에서 한국으로 시집온 지 2년 차 된 젊은 여성으로, 어린아이를 업고 한글을 배우러 온다. 인간이 하는 일 가운데 가장 보람을 느낄 때가 가르치는 일이다. 더욱이 지난날 배움에 목말랐던 김윤선 시인이 남을 가르치는 일은 그 가치를 따질 수가 없다.

신영복의 유명한 아포리즘 에세이 『처음처럼』에는 "인생의 가장 먼 여행은 머리에서 가슴까지의 여행이다. 그러나 가장 먼 여행은 가슴에서 발까지의 여행이다."라는 말이 있다. 생각과 실천을 말한 것이다. 머리와 가슴이 다름을 말한 것이다. 냉철한 머리보다 따뜻한 가슴이 더 어렵기 때문이다. 김윤선 시인은 배워서 갚고 있다. 동병상련의 애틋한 마음, 따뜻한 마음으로 그들을 끌어안고 함께 가는 것이다. 그러니까 정채봉 작가와 김윤선의 만남, 김윤선 작가와 칠순 학생, 레티 안 등의 만남은 어둠을 비춰주는 빛인 것이다.

5. 깊은 강은 함부로 흔들리지 않는다

 사람이 배워야 산다는 말을 우리는 김윤선 시인에게서 다시 한번 확인하게 된다. 인간에게 꿈이 무엇인지도 다시 한번 생각하게 된다. 배움은 자신을 뛰어넘어 남을 위한 일이라는 것도 아울러 생각하게 된다. "세상을 하직하며 모든 것을 끝내려던 순간"(「엄마, 물에 빠졌어요」)을 딛고 우뚝 선 김윤선은 해냈기 때문이다.
 정일근 시인의 「바람개비」라는 시에 "나는 초등학교 사학년이었고 봄부터 아버지는 세상에 계시지 않았다/ 바람이 나를 키웠고 그 눈물이 나에게 시를 가르쳐 고개 넘어 여기 왔으니"라는 구절이 있다. 김윤선 시인이야말로 바람이 그를 키웠고 그 눈물이 시(문학)를 가르쳐 여기까지 온 것이다. 김윤선 시인은 이미 수필가로서 수필집 『그릇』을 비롯하여 『잔잔한 기쁨』, 『제3의 꿈길에서』, 『삶의 밤열차』, 『밥과 바보』 등 6권을 발표했다. 태어남을 운명이라고 체념할 정도로 험난한 고개를 넘고 또 넘어, 시퍼렇게 흐른 강을 건너 여기까지 온 것이다. 「국제시장에서 한국어 강사까지」의 제목처럼 10대 소녀로 국제시장에 진출하여 오늘날 한국어를 가르치는 강사의 위치에 도달한 것이다. 결국 그는 악산을 정복했고 무사히 강을 건너 이상의 세계에 도달하는 쾌거를 이룬 것이다. 가슴에 이상을 품고 뜨거운 사막을 횡단했기 때문이다.

그러므로 그를 일러 대기만성大器晚成, 입지전적立志傳的인 인물이라고 할 수 있다. 그의 시가 가치를 지닌 것은 인간의 울음이 살아있고 인간의 정이 뜨거운 탓이다. 고난의 수행자처럼 살았던 엄마, 허공에 뜬 달처럼 홀로 행상을 다니며 발이 아리도록 살아야 했던 엄마는 시인에게 사람이 왜 사는지를 가르쳐주었다. 틈만 나면 책과 싸우라는 작은오빠는 시인에게 배움의 길을 가게 만들었다. 유년 시절 마산 진전리 바다 굴 밭에서 조개를 잡다가 발을 베어 간장을 끓여 지지던 아픔은 그에게 단단한 발을 주어 험난한 길을 걸어갈 수 있도록 만들어 주었다. 아버지가 양철을 갈아 만든 칼로 머리를 도토리 뚜껑처럼 깎아준 덕에 놀림을 받아야 했던 기억은 세찬 바람에도 흔들리지 않고 걸을 수 있는 용기를 불어넣어 주었다. 이 모든 것은 시인으로 하여금 깊은 강을 건너 희망의 세계로 가는 능력을 길러준 것이다.

문학은 어차피 감동이 핵심이라면 우리는 그의 시에서 인간은 왜 사는가 하는 철학적 의미를 찾을 수 있다. 그는 강을 건너는 법을 알았고, 강의 숨소리를 들을 줄 알았다. 그래서 그의 시에는 인간의 폐부에서 흘러나오는 울음이 살아있다. 눈물과 가슴으로 쓴 그의 작품이 목마르게 살아가는 영혼들에게 위로가 되기를 빈다.

김윤선 시집

2024년 5월 22일 인쇄
2024년 5월 24일 발행

지은이 | 김윤선
펴낸이 | 이병우
펴낸곳 | 육일문화사
주　소 | 부산광역시 중구 복병산길6번길 11
전　화 | (051)441-5164　팩스 (051)442-6160
이메일 | book61@hanmail.net
출판등록 | 제1989-000002호

* 이 책의 저작권은 저자에게 있습니다.
* 서면에 의한 저자의 허락 없이 내용의 일부를 인용하거나 발췌하는 것을 금합니다.
* 잘못된 책은 바꿔 드립니다.

ISBN 979-11-91268-58-4 03810
값 10,000원

본 도서는 2024년 부산광역시, 부산문화재단 <부산문화예술지원사업>으로
지원을 받았습니다.